Roeser · Die Vergleichsgebühr

Prüfung und Praxis für Rechtsanwaltsfachangestellte

Herausgegeben von Karsten Roeser

Vielen Auszubildenden und Praktikern sind herkömmliche Lehrbücher häufig zu umfassend und theoretisch aufgebaut. In der neuen vorliegenden Kurs-Reihe *Prüfung und Praxis für Rechtsanwaltsfachangestellte* werden die prüfungsrelevanten Themen zunächst kurz erläutert, dann an Beispielen praktisch veranschaulicht, schließlich in einem weiteren Kapitel trainiert und das Wissen mit zahlreichen, den Kapiteln beigefügten Test- und Prüfungsfragen gefestigt.

Beispiele aus der täglichen Praxis runden die Themen ebenso ab wie Fälle aus vergangenen Prüfungen.

Bisher sind in der Reihe erschienen:

Die Vergleichsgebühr
von Karsten Roeser

Die Regelgebühren im Zivilprozess
von Karsten Roeser

Die außergerichtlichen Gebühren des Rechtsanwalts
von Karsten Roeser

Karsten Roeser

Die Vergleichsgebühr

GABLER

Die Deutsche Bibliothek – CIP-Einheitsaufnahme
Ein Titeldatensatz für diese Publikation ist bei
Der Deutschen Bibliothek erhältlich.

1. Auflage Oktober 2000

Der Gabler Verlag ist ein Unternehmen der Fachverlagsgruppe BertelsmannSpringer.

www.gabler.de

Die Wiedergabe von Gebrauchsnamen, Handelsnamen, Warenbezeichnungen usw. in diesem Werk berechtigt auch ohne besondere Kennzeichnung nicht zu der Annahme, dass solche Namen im Sinne der Warenzeichen- und Markenschutz-Gesetzgebung als frei zu betrachten wären und daher von jedermann benutzt werden dürften.

Höchste inhaltliche und technische Qualität unserer Produkte ist unser Ziel. Bei der Produktion und Verbreitung unserer Werke wollen wir die Umwelt schonen: Dieses Werk ist auf säurefreiem und chlorfrei gebleichtem Papier gedruckt. Die Einschweißfolie besteht aus Polyäthylen und damit aus organischen Grundstoffen, die weder bei der Herstellung noch bei der Verbrennung Schadstoffe freisetzen.

ISBN 978-3-409-11651-0   ISBN 978-3-322-90013-5 (eBook)
DOI 10.1007/978-3-322-90013-5

Vorwort

Sie mögen keine graue Theorie?

Die Kursreihe arbeitet nach einem neuen didaktischen Konzept.

Graue Theorie bekommen Sie hier nicht geboten. Die sog. „allgemeinen Grundlagen" besprechen wir an den Stellen, an denen es in unseren Fällen auf sie ankommt - und schon sind die Grundlagen keine blutleere Theorie mehr, sondern Sie erkennen gleich, dass sie vielmehr höchst konkrete Informationen darstellen, auf die Sie bei der Lösung der Fälle angewiesen sind. Sie wissen sofort, *warum* Sie eigentlich diese Informationen benötigen. Sie finden diese theoretischen Grundlagen in einem eigenen Unterkapitel am Beispiel eines konkreten Falles.

Anwenden lernen - die Fallmethode

Es nützt Ihnen nicht viel, wenn Sie etwas lediglich auswendig lernen. Man muss es auch anwenden können - in der Praxis, in der Prüfung. Können Sie etwas anwenden, haben Sie es auch verstanden, und darauf kommt es an. In den Musterfällen lernen Sie, Ihr Wissen anzuwenden. Darum gibt es in diesem Kurs so viele Fälle und Aufgaben.

Was Sie nicht wiederholen wollen, brauchen Sie erst gar nicht zu lernen.

Es ist unsinnig, gebührenrechtliche und verfahrensrechtliche Zusammenhänge zu lernen, ohne sie auch zu wiederholen. Sie wollen Ihr Wissen ja nicht nur bis zum Abendbrot behalten, sondern eigentlich deutlich länger. Und wissenschaftlich gesehen ist erwiesen: Wir vergessen, was wir nicht wiederholt haben. Wir vergessen sogar, was wir wiederholt haben. Aber je mehr wir den Lernstoff repetiert haben, umso länger können wir ihn in Zukunft ohne weiteres Wiederholen behalten. Einschlägige pädagogische Bücher weisen das mit wissenschaftlichen Untersuchungen schon lange nach - aber darauf brauche ich sicher nur zu verweisen, denn eigentlich hatten Sie das schon lange gewusst oder etwa nicht? Also müssen Sie wiederholen! Aber wie?

Dies ist ein Kurs, kein Lehrbuch!

Hier können Sie besser und viel intensiver lernen: Sie erhalten laufend *Fälle* und *Aufgaben* mit besprochenen *Musterlösungen*. Sie werden angeregt, sie selbst zu lösen. Sie erhalten systematisch alle *Schwierigkeitsgrade* - von ganz leicht bis Prüfungsniveau. So lernen Sie, Ihr frisch erarbeitetes Wissen anzuwenden und können sich gleichzeitig langsam in das Thema hineintasten. Sie werden bewusst zur Mitarbeit angeregt, indem Sie aufgefordert werden, die *Lösungen* in den vorgesehenen Platz zu notieren. Machen Sie davon Gebrauch! Damit trainieren und wiederholen Sie.

Die Piktogramme am Rand zeigen Ihnen auf einem Blick, was zu dem zugehörigen Absatz noch zu sagen ist:

Eine Birne am Rand wie in diesem Absatz weist Sie auf wichtige Informationen oder auf einen Aha-Effekt hin. Das soll Sie aber nicht abhalten, den Rand mit eigenen Vermerken zu „verzieren" - Fragezeichen, Ausrufezeichen, Doppelstriche, Schlangenlinien. Dieses Kursheft ist *Ihr* Heft, und je mehr es Ihr eigenes Gepräge bekommt, umso mehr finden Sie sich darin zurecht und umso besser lernen Sie. Es sind manchmal auch *Hilfen* eingebaut. Diese sind in dem einen oder anderen Falle für Sie entbehrlich - aber für andere sicherlich wichtig.

An vielen Stellen sehen Sie ein Notizbuch – diese Absätze sollten Sie, zumindest wenn Sie noch vor der Prüfung stehen, unbedingt wiedergeben können! Das muss natürlich nicht auswendig sein, es reicht aus, wenn Sie den Inhalt mit eigenen Worten formulieren können. Wer diese Absätze nicht gelernt hat, ist selber schuld! Was Sie in einem solchen Absatz finden, ist wichtig und wird auch in der Zwischen- oder Abschlussprüfung immer wieder mal abgefragt.

Kurz und übersichtlich – die Zusammenfassung

Bevor Sie sich am Ende eines jeden Kapitels nach Herz und Nieren prüfen können, folgt erst einmal eine Zusammenfassung. Sie sind kurz und knapp und ersetzen keinesfalls die Ausführungen der vorherigen Unterkapitel. Aber sie sind auf diese Weise übersichtlich und überschaubar und geben Ihnen Gelegenheit, den soeben behandelten Stoff noch einmal im Zusammenhang zu überdenken. Und dass Sie bei dieser Gelegenheit zugleich schon das erste Mal den Stoff wiederholen, ist ein weiterer Vorteil für Sie. Und was hatten wir oben gesagt? Was Sie nicht wiederholen wollen, brauchen Sie erst gar nicht zu lernen.

Fragen über Fragen!

Am Ende eines jeden Kapitels finden Sie Fragen zu dem jeweiligen Thema. Beantworten Sie diese Fragen laut! Markieren Sie die Richtigkeit der Antworten jeweils mit einem Strich am Rand! Nehmen Sie sich vor, den Kurs erst abzuschließen, wenn Sie bei jeder Frage drei Striche haben setzen können. Die Fragen sind auch deshalb wichtig, weil sie gleichzeitig eine Person ersetzen, die Sie abfragt - denn wer hat einen solchen hilfreichen Geist schon stets zur Hand? Sie wissen ja: Wiederholung ist wichtig!

Der Trainingsteil

Sie wollen ja lernen, aber ohne dass Sie einschlägige Aufgaben lösen, geht es nicht. Wie bereits gesagt: Anwenden müssen Sie können, und Wiederholung ist nötig. Deshalb finden Sie in der Regel am Ende eines jeden Kapitels einen sog. Trainingsteil. Nutzen Sie die Möglichkeit der Selbstüberprüfung, der Vertiefung und der Festigung. Sehen Sie die Lösungen der Aufgaben als „inneren Rechenschaftsbericht" an: Haben Sie das Thema verstanden oder nicht? Nur beim Lösen finden Sie die Antwort!

Haben Sie Anregungen, Kritik, vor allem aber: Verbesserungsvorschläge? Dann mailen Sie mir:

Karsten.Roeser@t-online.de

Und nun wünsche ich Ihnen:

Viel Erfolg!

Neuss, im September 2000   *Karsten Roeser*

Inhaltsverzeichnis

1 Schnellkurs: Grundlagen zum Prozessvergleich **13**

   1.1   Ein einfacher Ausgangsfall 13

   1.2   Die Vollstreckung des Prozessvergleichs 16

   1.3   Zusammenfassung 17

   1.4   Trainingsteil 18

   1.5   Testen Sie sich selbst: Test- und Prüfungsfragen 19

   1.6   Lösung des Ausgangsfalles und der Trainingsaufgaben 21

2 Eine Sache der Gegenseitigkeit: Der Vergleich **23**

   2.1   Begriff und Rechtsnatur 23

   2.2   Die Mitwirkung des Rechtsanwalts 26

   2.3   Zusammenfassung 29

   2.4   Lösungen zu den Fällen 30

   2.5   Trainingsteil 32

   2.6   Testen Sie sich selbst: Test- und Prüfungsfragen 34

   2.7   Lösungen zum Trainingsteil 35

3 Instanzenzug und mehr: Weitere Grundlagen **37**

   3.1   Der Vergleich im Instanzenzug 37

   3.2   Der Vergleich unter einer aufschiebenden Bedingung und unter Widerruf 40

   3.3   Der Teilvergleich 42

   3.4   Zusammenfassung 44

   3.5   Lösungen zu den Fällen 45

   3.6   Trainingsteil 47

   3.7   Testen Sie sich selbst: Test- und Prüfungsfragen 50

   3.8   Lösungen zum Trainingsteil 51

4 Belohnung muss sein: Der außergerichtliche Vergleich **55**

   4.1   Wesen und Gebührensatz 55

   4.2   Vergleichsgebühr und Betriebsgebühr 57

4.3   Form des außergerichtlichen und des gerichtlichen Vergleichs 58

4.4   Zusammenfassung 59

4.5   Lösungen zu den Fällen 60

4.6   Trainingsteil 62

4.7   Testen Sie sich selbst: Test- und Prüfungsfragen 64

4.8   Lösungen zum Trainingsteil 66

5   **In Kombination: Der gerichtliche und außergerichtliche Vergleich 69**

5.1   Die Berechnung der Vergleichsgebühren 69

5.2   Die Differenzprozessgebühr 72

5.3   Rechtsmittelinstanzen 76

5.4   Zusammenfassung 80

5.5   Lösungen zu den Fällen 81

5.6   Trainingsteil 85

5.7   Testen Sie sich selbst: Test- und Prüfungsfragen 88

5.8   Lösungen zum Trainingsteil 90

6   **Von leicht bis Prüfungsniveau: Fälle, Fälle, Fälle 93**

6.1   Eine Herausforderung für Sie: Die Fälle 93

6.2   Lösungen zu den Fällen 101

7   **Verzeichnis der Fälle, Aufgaben und Lösungen 107**

7.1   Fälle 107

7.2   Lösungen der Fälle 108

7.3   Aufgaben des Trainingsteils 109

7.4   Lösungen der Aufgaben.. 110

8   **Literaturhinweise 111**

8.1   Kommentare 111

8.2   Lehrbücher... 111

9   **Gebührentabelle nach § 11 BRAGO 115**

Schlagwortverzeichnis 117

Abkürzungsverzeichnis

Abs.	Absatz
AG	Aktiengesellschaft, Amtsgericht
AVAG	Anerkennungs- und Vollstreckungsausführungsgesetz
BAG	Bundesarbeitsgericht
Bekl.	Beklagter
BGB	Bürgerliches Gesetzbuch
BGBl	Bundesgesetzblatt
BGH	Bundesgerichtshof
BRAGO	Bundesrechtsanwaltsgebührenordnung
BRAO	Bundesrechtsanwaltsordnung
BSG	Bundessozialgericht
BVerfG	Bundesverfassungsgericht
BVerwG	Bundesverwaltungsgericht
d. J.	des/dieses Jahres
DÜG	Diskontsatz-Überleitungs-Gesetz
EB	Empfangsbekenntnis
e. V.	Eingetragener Verein
FGG	Gesetz über die Angelegenheiten der freiwilligen Gerichtsbarkeit
GBO	Grundbuchordnung
GKG	Gerichtskostengesetz
GmbHG	Gesetz betreffend die Gesellschaften mit beschränkter Haftung
GmbH	Gesellschaft mit beschränkter Haftung
GV	Gerichtsvollzieher
GVG	Gerichtsverfassungsgesetz
GVKostG	Gesetz über Kosten der Gerichtsvollzieher
HGB	Handelsgesetzbuch
HS.	Halbsatz
i. d. R.	in der Regel
i. e. S.	im engeren Sinne
InsO	Insolvenzordnung
i. w. S.	im weiteren Sinne
Kap.	Kapitel

KFB	Kostenfestsetzungsbeschluss
KfH	Kammer für Handelssachen
KG	Kommanditgesellschaft
LG	Landgericht
MB	Mahnbescheid
OHG	Offene Handelsgesellschaft
OLG	Oberlandesgericht
OVG	Oberverwaltungsgericht
PfÜB	Pfändungs- und Überweisungsbeschluss
PKH	Prozesskostenhilfe
PZU	Postzustellungsurkunde
RA	Rechtsanwalt
RPflG	Rechtspflegergesetz
S.	Satz; Seite
ScheckG	Scheckgesetz
s. o.	siehe oben
s. u.	siehe unten
VA	Vollstreckungsauftrag
VB	Vollstreckungsbescheid
VerbrKG	Verbraucherkreditgesetz
vgl.	vergleiche
VG	Verwaltungsgericht
VO	Verordnung
VU	Versäumnisurteil
VwGO	Verwaltungsgerichtsordnung
WG	Wechselgesetz
ZPO	Zivilprozessordnung
ZU	Zustellungsurkunde
ZVG	Gesetz über die Zwangsversteigerung und Zwangs- verwaltung

1 Schnellkurs: Grundlagen zum Prozessvergleich

Über einen wirksam abgeschlossenen Vergleich freuen sich eigentlich alle - die Parteien, weil sie, wenn auch manchmal mit Knurren, durch eine gütliche Einigung einen möglicherweise lange schwelenden Streit einvernehmlich beigelegt haben; der Richter, weil der Rechtsstreit beendet ist und er kein Urteil zu formulieren braucht; der Staat, weil er wegen der Entlastung der Richter Geld spart; die beteiligten Rechtsanwälte, weil sie für die Mitwirkung an dem Vergleich mit einer weiteren Gebühr, der Vergleichsgebühr, belohnt werden. Und auch auf Sie wird die Vergleichsgebühr zukommen, sei es in der täglichen Praxis im Büro, sei es, falls Sie noch im Ausbildungsverhältnis stehen, in der schriftlichen oder mündlichen Abschlussprüfung, denn er kommt sicherlich „dran" - wetten?

Beginnen wir einmal mit einem Fall, in dem keine Zweifel an der Vergleichsgebühr bestehen, der jedoch – in dieser oder ähnlicher Variante – sehr häufig in der Praxis vorkommt:

1.1 Ein einfacher Ausgangsfall

Fall 1 (Ausgangsfall – Der Prozessvergleich)

RA Rasche erhebt für seinen Mandanten Mertens Klage gegen Bertram wegen einer Kaufpreisforderung in Höhe von 10.000,00 DM. Im ersten Termin verhandeln die Parteien streitig zur Hauptsache. Schließlich werden in einer Beweisaufnahme mehrere Zeugen vernommen. Unter dem Eindruck der Beweisaufnahme schließen die Parteien durch ihre Rechtsanwälte in demselben Termin einen Vergleich, in dem sich der Beklagte verpflichtet, zum Ausgleich der geltend gemachten Forderung 8.000,00 DM zu zahlen und die Kosten des Rechtsstreits zu übernehmen.

> Als Mertens von dem Vergleich hört und er erfährt, dass damit der Rechtsstreit beendet ist, möchte er zugleich wissen, wie er denn nun an sein Geld gelange, da er ja nun kein Urteil in der Hand habe.

Es ist klar, Rechtsanwalt Rasche kann die entstandenen Regelgebühren, hier nämlich die Prozessgebühr, Verhandlungsgebühr und die Beweisgebühr berechnen[1]. – Und wie steht es mit der Vergleichsgebühr?

Sie ist in § 23 BRAGO geregelt. Schauen wir uns einmal die Rechtsgrundlage für diese Gebühr an. Zunächst interessiert uns eigentlich nur der erste Absatz, aber da wir auf andere Absätze auch noch eingehen werden, sei der Wortlaut dieser für unser Skriptbuch zentralen Vorschrift einmal vollständig und ungekürzt genannt:

---

§ 23 BRAGO: Die Vergleichsgebühr

(1) Für die Mitwirkung beim Abschluss eines Vergleichs (§ 779 des Bürgerlichen Gesetzbuchs) erhält der Rechtsanwalt fünfzehn Zehntel der vollen Gebühr (Vergleichsgebühr). Der Rechtsanwalt erhält die Vergleichsgebühr auch dann, wenn er nur bei den Vergleichsverhandlungen mitgewirkt hat, es sei denn, dass seine Mitwirkung für den Abschluss des Vergleichs nicht ursächlich war. Soweit über den Gegenstand des Vergleichs ein gerichtliches Verfahren anhängig ist, erhält der Rechtsanwalt die Vergleichsgebühr nur in Höhe einer vollen Gebühr; das gleiche gilt, wenn ein Verfahren über die Prozesskostenhilfe anhängig ist.

(2) Für die Mitwirkung bei einem unter einer aufschiebenden Bedingung oder unter dem Vorbehalt des Widerrufs geschlossenen Vergleich erhält der Rechtsanwalt die Vergleichsgebühr, wenn die Bedingung eingetreten ist oder der Vergleich nicht mehr widerrufen werden kann.

(3) Soweit über die Ansprüche vertraglich verfügt werden kann, gelten die Absätze 1 und 2 auch bei Rechtsverhältnissen des öffentlichen Rechts.

Wir brauchen hier auf den Begriff „Vergleich" nicht näher einzugehen, um unseren Fall zu lösen – die Parteien haben problemlos einen Vergleich vor Gericht geschlossen. Rechtsanwalt Rasche hat an dem Vergleich auch mitgewirkt, er wurde von ihm vor Gericht zu Protokoll gegeben.

Auch der Gebührensatz der Vergleichsgebühr ist eindeutig, er steht in § 23 I S. 3 BRAGO (s. o.): Da es sich um einen Vergleich in einem *gerichtlichen Verfahren* handelt, um einen Prozessvergleich also, kann Rechtsanwalt Rasche eine Vergleichsgebühr ich Höhe einer vollen Gebühr berechnen.

---

[1] Siehe hierzu in derselben Reihe den Skriptband: Karsten Roeser, Gebühren im Zivilprozess. Grundlagen und Regelgebühren, Gabler Verlag

Wie hoch ist aber der Gegenstandswert für diese Vergleichsgebühr? Der Beklagte hatte sich in dem Vergleich verpflichtet, an den Kläger 8.000 DM zu zahlen (= Vergleichssumme). Dieser Betrag steht in dem Protokoll. Deshalb werden in der Praxis und in der Prüfung häufig Fehler gemacht.

> Maßgeblich für die Höhe des Gegenstandswertes ist nicht der Betrag, auf den sich die Parteien geeinigt haben (*Vergleichssumme*), sondern der Betrag, der durch den Vergleich erledigt wird (*Vergleichswert*).

Das bedeutet für unseren Ausgangsfall: „Erledigt" wurden durch den Vergleich nicht Ansprüche über 8.000,00 DM, sondern die vollständigen Klageansprüche in Höhe von 10.000,00 DM! Über diesen Vergleichswert ist die Vergleichsgebühr zu berechnen.

Ihrer ersten Kostenrechnung steht nun nichts mehr im Wege. Die Lösung finden Sie auf Seite 21.

Ihre Lösung zum Ausgangsfall:

Gegenstandswert: ....

....

....

....

....

16 % Umsatzsteuer, § 25 II BRAGO   387,20 DM

Summe: 2.807,20 DM

1.2   Die Vollstreckung des Prozessvergleichs

In der Tat sind die geschilderten Befürchtungen des Mandanten, er bekomme nun kein Urteil, durchaus berechtigt. Grundsätzlich wird ein Zivilprozess durch Endurteil aufgrund einer mündlichen Verhandlung beendet. Das Urteil ergeht, wenn der Rechtsstreit zur Entscheidung reif ist (§ 300 ZPO), d. h. wenn insbesondere beweiserhebliche Tatsachen bewiesen oder unstrittig sind.

Es gibt jedoch im Wesentlichen drei Wege, ein gerichtliches Verfahren ohne Urteil zu beenden:

Die Erledigung des Rechtsstreits ohne Urteil kann erfolgen

- durch *Klagerücknahme,*
- durch *Erledigung* der Hauptsache
- und schließlich durch *Prozessvergleich.*

Klagerücknahme

Eine *Klage* kann schriftlich oder mündlich im letzten Verhandlungstermin *zurückgenommen* werden. In diesem Falle gilt der Rechtsstreit als nicht anhängig geworden (§ 269 III 1 ZPO).

Erledigungser-
klärung

Haben die Parteien in der mündlichen Verhandlung, durch Einreichen eines Schriftsatzes oder zu Protokoll der Geschäftsstelle den Rechtsstreit in der Hauptsache *für erledigt erklärt*, so wird lediglich noch über die Kosten nach billigem Ermessen unter Berücksichtigung des bisherigen Sach- und Streitstandes durch Beschluss entschieden (§ 91a ZPO).

Prozessvergleich

Auch der *Prozessvergleich* beendet den Rechtsstreit ohne Urteil. Grundsätzlich haben die Parteien in einem solchen Vergleich auch eine Vereinbarung über die Kosten zu treffen. Geschieht dies nicht, so werden die Kosten *gegeneinander aufgehoben* (§ 98 ZPO), d. h. jede Partei trägt die außergerichtlichen Kosten selbst und die Hälfte der gerichtlichen Kosten.

Aber noch ist in unserem Ausgangsfall der Mandant noch nicht beruhigt. Schließlich gibt ihm § 704 I ZPO zunächst einmal Recht: Die Zwangsvollstreckung findet grundsätzlich aus Urteilen statt, wenn sie rechtskräftig oder für vorläufig vollstreckbar erklärt sind.

Damit ein Vergleich jedoch Sinn hat, gibt es den § 794 ZPO. Nach dieser wichtigen Vorschrift findet die Zwangsvollstreckung auch aus Vergleichen statt. Der Vergleich gehört also zu den Vollstreckungstiteln, zu denen nicht nur Urteile, sondern beispielsweise auch noch Kostenfestsetzungsbeschlüsse und Vollstreckungsbescheide zählen.

Die Befürchtungen des Mandanten treffen also nicht zu. Die Vollstreckung kann nach Zustellung auch aus dem Prozessvergleich betrieben werden.

1.3 Zusammenfassung

Diese Zusammenfassung dient der Wiederholung, wenn Sie soeben die vorigen Kapitel durchgearbeitet haben, aber auch der schnellen Rekapitulation, wenn Sie zu einem späteren Zeitpunkt den Stoff noch einmal vor Augen halten wollen.

Wir haben festgestellt:

- Der Rechtsanwalt erhält für die Mitwirkung beim Abschluss eines Vergleichs im gerichtlichen Verfahren (Prozessvergleich) eine volle Vergleichsgebühr gemäß § 23 I 3 BRAGO.

- Bei der Berechnung des Gegenstandswertes für die Vergleichsgebühr ist die Vergleichssumme von dem Vergleichswert zu unterscheiden. Maßgeblich für die Höhe des Gegenstandswertes ist nicht der Betrag, auf den sich die Parteien geeinigt haben (Vergleichssumme), sondern der Betrag, der durch den Vergleich erledigt wird (Vergleichswert).

- Grundsätzlich wird die erste Instanz durch ein Urteil beendet.

- Es gibt jedoch im Wesentlichen drei Wege, ein gerichtliches Verfahren ohne Urteil zu beenden: durch Klagerücknahme, durch Erledigungserklärung und durch Prozessvergleich.

- Grundsätzlich haben die Parteien in einem Vergleich auch eine Kostenregelung zu treffen. Geschieht dies nicht, so werden die Kosten gegeneinander aufgehoben, d. h. jede Partei trägt die außergerichtlichen Kosten selbst und die Hälfte der gerichtlichen Kosten.

- Die Zwangsvollstreckung findet aus Vollstreckungstiteln statt. Hierzu gehören Urteile, aber auch Vergleiche, Kostenfestsetzungsbeschlüsse und Vollstreckungsbescheide.

1.4   Trainingsteil

Lösen Sie die nachfolgenden beiden Fälle, die hier und in den übrigen Kapitel zur besseren Abgrenzung „Aufgaben" genannt werden. Es ist wichtig, dass Sie die behandelten Lektionen auch trainieren, denn nur wenn Sie den Stoff auch anwenden können, haben Sie ihn verstanden.

Die Lösungen finden Sie ab Seite 21.

Aufgabe 1

RA Rasche erhebt für seinen Mandanten Klage gegen B in Höhe von 266.800,00 DM. Im ersten Termin wird die Rechtslage zwischen den Parteien erörtert und sodann streitig verhandelt. Rechtsanwalt Rasche bahnt anschließend mit dem Gegner auftragsgemäß Vergleichgespräche an, die jedoch erfolglos bleiben. Daraufhin kommt es zu einer weiteren streitigen mündlichen Verhandlung, zu einer Beweisaufnahme mit Weiterverhandlung und zu einem Urteil. – Kostenrechnung für RA Rasche?

Ihre Lösung:

Summe:

Aufgabe 2

Rechtsanwalt Rasche erhebt für M Klage gegen B auf Zahlung von 88.000,00 DM. Nach einer streitigen mündlichen Verhandlung schließen die Parteien einen Vergleich, in dem der Beklagte 70.400,00 DM zahlt und die Kosten des Rechtsstreits übernimmt. - Erstellen Sie die Kostenrechnung für Rechtsanwalt Rasche.

....

....

....

....

....

....

Summe:
....

1.5 Testen Sie sich selbst: Test- und Prüfungsfragen

1. **In welcher Vorschrift sind die Vergleichsgebühren geregelt?**

   in § 23 BRAGO

2. **Welches ist die genaue Rechtsgrundlage für die Vergleichsgebühr in einem gerichtlichen Verfahren?**

   § 23 I 3 BRAGO

3. **In welcher Höhe entsteht eine Gebühr für den Prozessvergleich?**

   in Höhe einer vollen Gebühr

4. **Welcher Betrag ist maßgeblich für den Gegenstandswert der Vergleichsgebühr?**

   Maßgeblich für die Höhe des Gegenstandswertes ist nicht der Betrag, auf den sich die Parteien geeinigt haben (Vergleichssumme), sondern der Betrag, der durch den Vergleich erledigt wird (Vergleichswert).

5. **Ein Beispiel: Klage über 20.000,00 DM, nach einer streitigen mündlichen Verhandlung und einer Beweisaufnahme mit Weiterverhandlung schließen die Parteien einen Vergleich, in dem sich der Beklagte verpflichtet, zum Ausgleich der geltend gemachten Klageforderung 15.000,00 DM zu zahlen. – Wie hoch ist der Gegenstandswert für die Regelgebühren, wie hoch für die Vergleichsgebühr?**

Für alle entstandenen Gebühren (Prozess-, Verhandlungs-, Beweis- und Vergleichsgebühr) beträgt der Gegenstandswert je 20.000,00 DM.

6. **Durch welche Entscheidung des Richters endet normalerweise ein Zivilprozess?**

durch Urteil

7. **Welche drei Möglichkeiten gibt es, ein gerichtliches Verfahren ohne Urteil zu beenden?**

durch Klagerücknahme, Erledigung der Hauptsache und schließlich durch einen Prozessvergleich

8. **Wie sind die Kosten geregelt, wenn die Parteien in dem Vergleich hierüber keine Vereinbarung treffen?**

Die Kosten werden gegeneinander aufgehoben.

9. **Erklären Sie diese Regelung!**

In einem solchen Falle trägt jede Partei die außergerichtlichen Kosten selbst und die Hälfte der gerichtlichen Kosten.

10. **Ein Urteil ist ein wichtiger Vollstreckungstitel. Nennen Sie drei weitere Titel, aus denen die Vollstreckung betrieben werden kann!**

Weitere Vollstreckungstitel sind Kostenfestsetzungsbeschlüsse, Vollstreckungsbescheide und natürlich Vergleiche.

1.6 Lösung des Ausgangsfalles und der Trainingsaufgaben

Lösung zu Fall 1 (Ausgangsfall)

Gegenstandswert: 10.000,00 DM

10/10 Prozessgebühr, §§ 11, 31 I 1 BRAGO	595,00 DM
10/10 Verhandlungsgebühr, §§ 11, 31 I 2 BRAGO	595,00 DM
10/10 Beweisgebühr, §§ 11, 31 I 3 BRAGO	595,00 DM
10/10 Vergleichsgebühr, §§ 11, 23 I 3 BRAGO	595,00 DM
Postentgelte, §§ 11, 26 BRAGO	40,00 DM
16 % Umsatzsteuer, § 25 II BRAGO	387,20 DM
Summe:	2.807,20 DM

Lösung zu Aufgabe 1

Gegenstandswert: 266.800,00 DM

10/10 Prozessgebühr, §§ 11, 31 I 1 BRAGO	3.085,00 DM
10/10 Verhandlungsgebühr, §§ 11, 31 I 2 BRAGO	3.085,00 DM
10/10 Beweisgebühr, §§ 11, 31 I 3 BRAGO	3.085,00 DM
Postentgelte, §§ 11, 26 BRAGO	40,00 DM
16 % Umsatzsteuer, § 25 II BRAGO	1.487,20 DM
Summe:	10.782,20 DM

Gleichgültig, wie oft verhandelt wurde - es entsteht nur eine Verhandlungsgebühr. Ein Vergleich kam nicht zustande, also kann auch keine Vergleichsgebühr berechnet werden.

Lösung zu Aufgabe 2

Gegenstandswert: 88.000,00 DM

10/10 Prozessgebühr, §§ 11, 31 I 1 BRAGO	1.985,00 DM
10/10 Verhandlungsgebühr, §§ 11, 31 I 2 BRAGO	1.985,00 DM
10/10 Vergleichsgebühr, §§ 11, 23 I 3 BRAGO	1.985,00 DM
Postentgelte, §§ 11, 26 BRAGO	40,00 DM
16 % Umsatzsteuer, § 25 II BRAGO	959,20 DM
Summe:	6.954,20 DM

2 Eine Sache der Gegenseitigkeit: Der Vergleich

Bisher hatten wir uns nicht weiter damit befasst, was ein Vergleich eigentlich ist. Er wurde entweder abgeschlossen oder nicht. Dabei können wir natürlich auf Dauer nicht stehen bleiben, wir müssen da schon etwas mehr unter die Oberfläche gehen.

2.1 Begriff und Rechtsnatur

Fall 2 (Die einvernehmliche Klagerücknahme)

> Rechtsanwalt Rasche erhebt für Mertens Klage gegen Bertram in Höhe von 25.000,00 DM. Er trägt vor, statt normales Heizöl habe Bertram Altöl und Altölrückstände geliefert, die die gesamte Heizungsanlage verschlammt hätten. Der Gegner wird durch Rechtsanwalt Schmitz vertreten. Nach einer streitigen mündlichen Verhandlung erläutert Rechtsanwalt Schmitz in einem Telefongespräch Rechtsanwalt Rasche die Aussichtslosigkeit der Klage, da wichtige beweiserhebliche Tatsachen nicht nachgewiesen werden könnten.
>
> Rechtsanwalt Rasche sieht die Rechts- und Prozesslage ein und beide Anwälte einigen sich dahingehend, dass Rechtsanwalt Rasche im anberaumten Termin zur mündlichen Verhandlung im Einvernehmen mit Rechtsanwalt Schmitz die Klage zurücknimmt und beide es dem Richter überlassen, über die Kosten nach den gesetzlichen Bestimmungen zu entscheiden. In dem anberaumten Termin nimmt RA Rasche im gegenseitigen Einvernehmen mit dem Beklagten die Klage zurück. Das Gericht legt daraufhin dem Kläger die Kosten gemäß § 269 III 2 ZPO auf.
>
> Beide Anwälte überlegen, ob sie bei dieser einverständlichen Regelung nicht auch noch eine Vergleichsgebühr berechnen können.

Es ist klar: Zunächst einmal sind beiden Parteien zwei Regelgebühren entstanden, und zwar die Prozess- und die Verhandlungsgebühr. Aber auch die Vergleichsgebühr? Schauen wir einmal ins Gesetz.

Die Legaldefinition des § 23 I BRAGO (s. o. Seite 14) verweist ausdrücklich auf das Bürgerliche Gesetzbuch.

Begriff Vergleich

> Nach § 779 BGB liegt ein *Vergleich* dann vor, wenn durch ihn ein Streit oder die Ungewissheit der Parteien über ein Rechtsverhältnis im Wege gegenseitigen Nachgebens beseitigt wird.

Folgende Voraussetzungen müssen also gegeben sein, wenn ein wirksamer Vergleich zustande kommen soll:

1. Streit oder Ungewissheit über ein Rechtsverhältnis

Zwischen den Parteien muss *ein Streit oder die Ungewissheit über ein Rechtsverhältnis* bestehen. Dabei ist der Begriff „Rechtsverhältnis" sehr weit gefasst zu sehen. Er umfasst alle Rechtsverhältnisse des materiellen Rechts, die der Verfügung der Parteien unterliegen, z. B. schuldrechtliche, sachenrechtliche, familien- und erbrechtliche, handels- und arbeitsrechtliche oder solche des öffentlichen Rechts.

Das Rechtsverhältnis selbst muss nicht notwendigerweise bestehen, es reicht aus, wenn es von einer Partei lediglich behauptet oder bestritten wird.

> *Fazit für Fall 2:* Die Partein haben streitig über die Klageforderung verhandelt, die durch mangelhafte Lieferung von Öl verursachte Schäden zum Gegenstand hatten. Damit bestand Ungewissheit, ob nach der Behauptung des Klägers Schadensersatzansprüche entstanden sind, was der Beklagte bestreitet. Voraussetzung Nr. 1 liegt also vor.

2. Abschluss eines gegenseitigen Vertrages

Über die Beseitigung der Ungewissheit über ein Rechtsverhältnis müssen die Parteien einen *gegenseitigen Vertrag* abgeschlossen haben, der durch übereinstimmende Willenserklärungen (Antrag und Annahme) zustande kommt. Ein solcher Vertrag kann gerichtlich oder außergerichtlich geschlossen werden.

Es ist nicht notwendig, dass die Parteien ihre Vereinbarung auch als „Vergleich" bezeichnen. Es kommt lediglich auf den sachlichen Inhalt der Vereinbarung an. Umgekehrt ist nicht jede als „Vergleich" bezeichnete Vereinbarung ein Vergleichsvertrag, wenn nicht alle weiteren Voraussetzungen des § 779 BGB vorliegen.

> *Fazit für unseren Fall:* Die Parteien hatten zunächst am Telefon und später im Termin zur mündlichen Verhandlung vereinbart, dass Rechtsanwalt

Rasche im Einvernehmen mit Rechtsanwalt Schmitz die Klage zurück-
nimmt und beide es dem Richter überlassen, über die Kosten nach den gesetzlichen Bestimmungen zu entscheiden. Dies ist geschehen. Unerheblich ist, dass die Vereinbarung von den Parteien nicht als Vergleich bezeichnet worden ist. Maßgeblich ist, was inhaltlich vereinbart wurde.
Damit ist auch die zweite Voraussetzung gegeben.

3. Gegenseitiges Nachgeben

Beide Parteien müssen beim Vertragsabschluss *nachgegeben* haben. Beide   Gegenseitigkeit
müssen einander irgendwelche Zugeständnisse gemacht haben, die jedoch
nicht gleichwertig zu sein brauchen; jedes noch so geringfügiges Opfer einer
Partei reicht zur Gegenseitigkeit aus.

Einseitige Zugeständnisse oder einseitige prozessuale Erklärungen reichen   Einseitigkeit
dann nicht für eine Gegenseitigkeit aus, wenn nicht auch die andere Partei
nachgibt. Beide Parteien müssen „aufeinander zugegangen" sein

> *Fazit für Fall 2:* Die anwaltliche Information durch Rechtsanwalt
> Schmitz mag gut für den Beklagten gewesen sein – es bleibt dem Kläger
> jederzeit unbenommen, aufgrund neuer Informationen die Klage zurück-
> zunehmen. Die Entscheidung des Gerichts über die Prozesskosten ist eine
> gesetzliche Folge bei einer Klagerücknahme, die in § 269 III 2 ZPO gere-
> gelt ist. Es ist nicht erkennbar, dass Rechtsanwalt Schmitz auch nur ein
> bisschen dem Kläger entgegengekommen ist. Die bloße Einwilligung des
> Beklagten bei der Klagerücknahme reicht hierzu nicht aus. Die Rücknah-
> me wäre auch ohne diese Einwilligung wirksam gewesen. – Also ist eine
> Vergleichsgebühr nicht entstanden, es fehlte an der Gegenseitigkeit des
> Vergleichs.

Erstellen Sie nun die Kostenrechnung zu Fall 2:

Gegenstandswert: 25.000,00 DM

....

....

....

....

Summe: 2.424,40 DM

Na, diese Kostenrechnung war nun wirklich einfach. Aber darauf muss man kommen! Selbst hier werden immer wieder Fehler gemacht. Die Lösung finden Sie auf Seite 30.

2.2   Die Mitwirkung des Rechtsanwalts

Nach § 23 I 1 und insbesondere Satz 2 BRAGO (s. o. Seite 14) entsteht für den Rechtsanwalt eine Vergleichsgebühr bereits für die *Mitwirkung* bei dem Vergleich. Es muss dann natürlich seine Mitwirkung *ursächlich* für die Entstehung des Vergleichs gewesen sein.

Fall 3 (Der abwesende Rechtsanwalt – Variante 1)

Rechtsanwalt Rasche erhebt für Mertens Klage gegen Bertram über 1.800,00 DM. Nach einer streitigen mündlichen Verhandlung bespricht auftragsgemäß Rechtsanwalt Rasche außergerichtlich die Sach- und Rechtslage mit Bertram. Sie kommen darüber überein, dass im nächsten Termin die Angelegenheit durch einen Vergleich erledigt werden solle, in dem sich beide Parteien bereit finden, mit einer Zahlung von 1.000,00 DM auf die Klageforderung zufrieden zu sein.

Vor dem Termin ruft Rechtsanwalt Rasche den Mandanten an und teilt ihm mit, dass er leider wegen einer wichtigen Strafsache verhindert sei, den Termin wahrzunehmen. Da Mertens aber ohnehin erscheinen wolle, solle er doch die ausgehandelte Regelung wie besprochen zu Protokoll geben. Das geschieht.

Es ist nicht erforderlich, dass der Rechtsanwalt den Vergleichsabschluss selbst vor Gericht zu Protokoll gibt. Das ergibt sich aus dem Wortlaut des § 23 I 2 BRAGO, siehe oben Seite 14. – Wurde die Ungewissheit eines Streits durch eine Vereinbarung beseitigt? Sind die Parteien zur Lösung des Streits „aufeinander zugegangen"? War Rechtsanwalt Rasche für den Abschluss der Vereinbarung ursächlich?

Formulieren Sie hier Ihre Lösung zu Fall 3:

Gegenstandswert: ....

....

....

....

....

Summe: 498,80 DM
....

Ein ähnlicher Fall – oder nicht?

Fall 4 (Der abwesende Rechtsanwalt – Variante 2)

Rechtsanwalt Rasche erhebt für Mertens Klage gegen Bertram über 3.500,00 DM. Nach einer streitigen mündlichen Verhandlung regt Rechtsanwalt Rasche Vergleichsgespräche an, die in den folgenden Tagen außergerichtlich in der Kanzlei des Anwalts stattfinden. Bertram zeigt sich so uneinsichtig, dass schließlich Rechtsanwalt Rasche die Vergleichsgespräche als gescheitert ansieht.

Für Bertram bestellt sich nun Rechtsanwalt Schmitz als Prozessbevollmächtigter, wiederholt schriftsätzlich den Klageabweisungsantrag und nimmt zur Klage Stellung. Im zweiten Termin erscheinen nur Mertens und auf der Beklagtenseite Bertram mit Rechtsanwalt Schmitz. Nach ausführlicher Besprechung der Sach- und Rechtslage schließt Mertens mit dem Gegner auf Vorschlag des Gerichts einen Vergleich, in dem sich der Beklagte verpflichtet, zur Abgeltung der Klageforderung an den Kläger 2.800,00 DM zu zahlen und die Kosten zu übernehmen. Damit ist die Sache erledigt.

Wie lauten die Kostenrechnungen für die beiden am Verfahren beteiligten Rechtsanwälte?

Da für beide Rechtsanwälte die Kostenrechnungen zu erstellen sind, muss genau überlegt werden, welcher Rechtsanwalt welche Regelgebühren berechnen kann. Wer hier noch Probleme hat, kann ja im Skriptband 1[2] noch einmal nachschauen. Konzentrieren wir uns hier einmal auf die Vergleichsgebühr.

---

[2] Siehe hierzu in derselben Reihe den Skriptband Karsten Roeser, Gebühren im Zivilprozess. Grundlagen und Regelgebühren, Gabler Verlag

Leichte Frage: Ist die Vergleichsgebühr für den Beklagtenvertreter (Rechtsanwalt Schmitz) entstanden?

Antwort: Selbstverständlich. Rechtsanwalt Schmitz hat sich ja noch rechtzeitig zum Vertreter des Beklagten bestellt. Er hat das Vergleichsgespräch (die Besprechung der Sach- und Rechtslage) vor Gericht mit dem Gegner geführt und den Vergleich vor Gericht geschlossen.

Aber hat auch unser Rechtsanwalt Rasche an der Entstehung des Vergleichs mitgewirkt, wie § 23 I S. 2 BRAGO es erfordert?

Die *Mitwirkung* umfasst alle Tätigkeiten, die zum Vergleichsabschluss führen.

BEISPIELE:

Vergleichsverhandlungen mit dem Mandanten oder dem Gegner, jedoch nur, wenn sie sich zu einem Vergleichsentwurf, sei es mündlich oder schriftlich, konkretisiert haben.

Die Prüfung eines Vergleichsvorschlags mit Zustimmung, die Beratung des Mandanten über die rechtliche Tragweite des Vergleichs.

In unserem Fall 4 hat zwar Rechtsanwalt Rasche Vergleichsgespräche mit beiden Parteien geführt, diese jedoch als gescheitert angesehen. Der tatsächlich geschlossene Vergleich ist erst auf Anregung des Gerichts geschlossen worden. Die Gespräche, die zum Abschluss *dieses* Vergleichs geführt haben, hat er nicht geführt. Seine vorherigen Vergleichsgespräche waren nicht ursächlich für den vor Gericht protokollierten Vergleichsabschluss. Damit ist für Rechtsanwalt Rasche keine Vergleichsgebühr entstanden.

Ihre Kostenrechnungen zu Fall 4:

Kostenrechnung für Rechtsanwalt Schmitz

Gegenstandswert:

Summe: 968,60 DM

Kostenrechnung für Rechtsanwalt Rasche

Gegenstandswert:

Summe: 661,20 DM

Die Lösung finden Sie auf Seite 31. – Zunächst einmal die Übersicht:

2.3   Zusammenfassung

Was war in diesem Kapitel neu? Fassen wir zusammen:

1. Nach § 779 BGB liegt ein *Vergleich* dann vor, wenn durch ihn ein Streit oder die Ungewissheit der Parteien über ein Rechtsverhältnis im Wege gegenseitigen Nachgebens beseitigt wird.

2. wenn ein wirksamer Vergleich zustande kommen soll, muss
    -   ein *Streit* oder die *Ungewissheit über ein Rechtsverhältnis* bestehen oder zumindest behauptet werden,
    -   die Parteien über die Beseitigung der Ungewissheit hierüber eine *Vereinbarung*, d. h. einen gegenseitigen Vertrag abgeschlossen haben und
    -   jede Partei beim Vertragsabschluss nachgegeben haben (*Gegenseitigkeit*).

3. Es ist *nicht notwendig*, dass die Parteien ihre Vereinbarung auch als „Vergleich" bezeichnen. Es kommt lediglich auf den sachlichen Inhalt der Vereinbarung an.

4. Nach § 23 I 2 BRAGO reicht es für die Vergleichsgebühr aus, wenn der Rechtsanwalt an der Entstehung mitgewirkt hat und seine *Mitwirkung ursächlich* für die Entstehung des Vergleichs gewesen ist.

5. Eine Vergleichsgebühr entsteht nur für den Abschluss eines Vergleichs. Bei einem Scheitern der Vergleichsverhandlungen gibt es auch keine Vergleichsgebühr.

2.4 Lösungen zu den Fällen

Lösung zu Fall 2

Gegenstandswert: 25.000,00 DM

10/10 Prozessgebühr, §§ 11, 31 I 1 BRAGO	1.025,00 DM
10/10 Verhandlungsgebühr, §§ 11, 31 I 2 BRAGO	1.025,00 DM
Postentgelte, §§ 11, 26 BRAGO	40,00 DM
16 % Umsatzsteuer, § 25 II BRAGO	334,40 DM
Summe:	2.424,40 DM

Der Fall wurde ausführlich besprochen.

Lösung zu Fall 3

Gegenstandswert: 1.800,00 DM

10/10 Prozessgebühr, §§ 11, 31 I 1 BRAGO	130,00 DM
10/10 Verhandlungsgebühr, §§ 11, 31 I 2 BRAGO	130,00 DM
10/10 Vergleichsgebühr, §§ 11, 23 I 3 BRAGO	130,00 DM
Postentgelte, §§ 11, 26 BRAGO	40,00 DM
16 % Umsatzsteuer, § 25 II BRAGO	68,80 DM
Summe:	498,80 DM

Ein Vergleich wurde geschlossen, der Rechtsanwalt hat mitgewirkt, damit kann Rechtsanwalt Rasche die Vergleichsgebühr berechnen. Die Lösung war klar, hoffentlich haben Sie sich nicht bei dem Gegenstandswert für die Vergleichsgebühr vertan!

Lösung zu Fall 4

Kostenrechnung für Rechtsanwalt Schmitz

Gegenstandswert: 3.500,00 DM

10/10 Prozessgebühr, §§ 11, 31 I 1 BRAGO	265,00 DM
10/10 Erörterungsgebühr, §§ 11, 31 I 4 BRAGO	265,00 DM
10/10 Vergleichsgebühr, §§ 11, 23 I 3 BRAGO	265,00 DM
Postentgelte, §§ 11, 26 BRAGO	40,00 DM
16 % Umsatzsteuer, § 25 II BRAGO	133,60 DM
Summe:	968,60 DM

Für RA Schmitz ist keine Verhandlungsgebühr entstanden. Verhandeln bedeutet „Stellen von Anträgen". Dies geschieht immer nur in der mündlichen Verhandlung. Hier hat RA Schmitz keinen Antrag gestellt, sondern lediglich die Sach- und Rechtslage besprochen. Dafür ist allerdings die Erörterungsgebühr entstanden. Die schriftsätzliche Ankündigung der Anträge stellt keine Verhandlung dar.

Kostenrechnung für Rechtsanwalt Rasche

Gegenstandswert: 3.500,00 DM

10/10 Prozessgebühr, §§ 11, 31 I 1 BRAGO	265,00 DM
10/10 Verhandlungsgebühr, §§ 11, 31 I 2 BRAGO	265,00 DM
Postentgelte, §§ 11, 26 BRAGO	40,00 DM
16 % Umsatzsteuer, § 25 II BRAGO	91,20 DM
Summe:	661,20 DM

Warum RA Rasche keine Vergleichsgebühr trotz seiner Vergleichsgespräche erhält, hatten wir bereits besprochen. Aber das ist ein Ausnahmefall, der Einblicke in die Grundlagen zur Vergleichsgebühr geben soll! Normalerweise führen natürlich Vergleichsgespräche auch zu einer Vergleichsgebühr. – Die außergerichtlichen Gespräche führen nicht zu einer weiteren Gebühr, auch nicht nach § 118 BRAGO. Sie werden mit der Prozessgebühr abgegolten.

2.5   Trainingsteil

Übung macht die Meisterin, ach ja, und auch den Meister!

Aufgabe 3

Rechtsanwalt R erhebt für M Klage gegen B auf Zahlung von 18.000,00 DM wegen einer Kaufpreisforderung. Nach einer streitigen mündlichen Verhandlung reicht Rechtsanwalt S als Prozessbevollmächtigter des B Widerklage in Höhe von 6.000,00 DM wegen entstandener Schadensersatzansprüche ein. Auch hierüber verhandeln die Parteien streitig. In einem außergerichtlichen Gespräch vereinbaren beide Rechtsanwälte wegen der unsicheren Rechtslage, im neu anberaumten weiteren Verhandlungstermin sowohl die Klage als auch die Widerklage zurückzunehmen. Das geschieht.

Haben Sie Probleme mit dem Gegenstandswert bei Klage und Widerklage? Zur Sicherheit sei an dieser Stelle doch ein kleiner Exkurs erlaubt:

Werden Klage und Widerklage eingereicht, so sind zwei Fälle zu unterscheiden:

1. Betreffen Klage und Widerklage denselben Gegenstandswert, so gilt der einfache Wert.

   (Beispiel: In einer Mietstreitigkeit die Räumungsklage einerseits und die Widerklage auf Feststellung des Mietverhältnisses andererseits)

2. Betreffen Klage und Widerklage verschiedene Gegenstandswerte, so gilt der zusammengerechnete Wert als Gegenstandswert.

   (Beispiel: Klage wegen Lohnforderung und Widerklage wegen Schadensersatzansprüche)

Wie lautet Ihr Lösungsvorschlag?

Gegenstandswert:
....

....

....

....

....

Summe: ....   3.613,40 DM

Aufgabe 4

Rechtsanwalt R erhebt für M Klage gegen B über 2.000,00 DM. Nach einer streitigen mündlichen Verhandlung sieht B in einem persönlichen Gespräch mit Rechtsanwalt Rasche die Nutzlosigkeit seiner Verteidigung ein. Auch um eine teure Beweisaufnahme zu vermeiden, vereinbaren sie, dass B im nächsten Termin die Klage anerkennen und dem Antrag des Anwalts auf Erlass eines Anerkenntnisurteils zustimmen wird. So geschieht es, und im Termin wird daraufhin in einem Anerkenntnisurteil zur Zahlung verurteilt, auch werden ihm die Kosten des Rechtsstreits auferlegt.

Entsteht für RA R wegen der Absprache mit B eine Vergleichsgebühr? Wie viele Verhandlungsgebühren werden berechnet?

Ihr Lösung:

Gegenstandswert:
....

....

....

....

Summe:

Ich finde, das reicht erst einmal. Schauen Sie sich die Lösungen der Aufgaben zu diesem Kapitel ab Seite 35 an.

2.6 Testen Sie sich selbst: Test- und Prüfungsfragen

1. **Wann liegt nach dem BGB eine Vergleichsgebühr vor?**

   Ein *Vergleich* liegt dann vor, wenn durch ihn ein Streit oder die Ungewissheit der Parteien über ein Rechtsverhältnis im Wege gegenseitigen Nachgebens beseitigt wird.

2. **In welcher Vorschrift ist dies geregelt?**

   in § 779 BGB

3. **Welche drei Voraussetzungen müssen gegeben sein, wenn ein wirksamer Vergleich zustande kommen soll?**

   - ein Streit oder eine Ungewissheit über ein Rechtsverhältnis muss bestehen;
   - über die Beseitigung der Ungewissheit müssen die Parteien einen gegenseitigen Vertrag abgeschlossen haben;
   - der Vertrag muss auf Gegenseitigkeit beruhen, d. h. beide Parteien müssen beim Vertragsabschluss nachgegeben haben.

4. **Ist es erforderlich, dass die Parteien ihre Vereinbarung als „Vergleich" bezeichnen?**

   Es ist nicht notwendig, dass die Parteien ihre Vereinbarung auch als „Vergleich" bezeichnen. Es kommt lediglich auf den sachlichen Inhalt der Vereinbarung an.

5. **Ist es für die Entstehung der Vergleichsgebühr nach § 23 I 3 BRAGO notwendig, dass der RA den Vergleich auch vor Gericht selbst zu Protokoll gibt?**

   Nein, nach § 23 I 2 BRAGO entsteht für den Rechtsanwalt eine Vergleichsgebühr bereits für die Mitwirkung bei dem Vergleich, wenn diese Mitwirkung auch ursächlich für den Vergleichsabschluss war.

6. **Erläutern Sie den Begriff „Mitwirkung" in diesem Zusammenhang.**

Die Mitwirkung umfasst alle Tätigkeiten, die zum Vergleichsabschluss führen.

7.   Wie wird der Gegenstandswert bei Klage und Widerklage berechnet?

Beziehen sich Klage und Widerklage auf denselben Gegenstandswert, so gilt der einfache Wert, betreffen sie verschiedene Gegenstandswerte, so gilt der zusammengerechnete Wert als Gegenstandswert.

2.7   Lösungen zum Trainingsteil

Lösung zu Aufgabe 3

Gegenstandswert: 24.000,00 DM

10/10 Prozessgebühr, §§ 11, 31 I 1 BRAGO	1.025,00 DM
10/10 Verhandlungsgebühr, §§ 11, 31 I 2 BRAGO	1.025,00 DM
10/10 Vergleichsgebühr, §§ 11, 23 I 3 BRAGO	1.025,00 DM
Postentgelte, §§ 11, 26 BRAGO	40,00 DM
16 % Umsatzsteuer, § 25 II BRAGO	498,40 DM
Summe:	3.613,40 DM

Ein Vergleich liegt zwischen den Parteien auch dann vor, wenn die vereinbarte Regelung nicht ausdrücklich als "Vergleich" bezeichnet wurde. Mit der Regelung wurde ein Streit über Klage- und Widerklageansprüche beendet. Auch sind beide Parteien aufeinander zugegangen, denn jeder hat die geltend gemachten Ansprüche zurückgenommen, und nicht nur, wie in Fall 2, nur eine einzige Partei. Die Gegenseitigkeit ist also hier gegeben.

Lösung zu Aufgabe 4

Gegenstandswert: 2.000,00 DM

10/10 Prozessgebühr, §§ 11, 31 I 1 BRAGO	170,00 DM
10/10 Verhandlungsgebühr, §§ 11, 31 I 2 BRAGO	170,00 DM
Postentgelte, §§ 11, 26 BRAGO	40,00 DM
16 % Umsatzsteuer, § 25 II BRAGO	60,80 DM

Summe: <u>440,80 DM</u>

Die Parteien haben keinen Vergleich geschlossen. Die Vereinbarung beruhte nicht auf Gegenseitigkeit. Inwieweit ist RA R dem B entgegen gekommen? Für den Antrag auf Erlass des Anerkenntnisurteils bekommt RA R keine Gebühr. Die Verhandlungsgebühr nach § 33 I BRAGO für die nichtstreitige Verhandlung wird durch die Verhandlungsgebühr gemäß § 31 I 2 BRAGO verdrängt.

3 Instanzenzug und mehr: Weitere Grundlagen

Es gibt noch einige Grundlagen mehr zu besprechen bei der Vergleichs-gebühr: Vergleich und Instanzen, Widerrufsvergleich, Teilvergleich. Schließlich wollen wir nicht nach wenigen Grundfällen schon scheitern. Wir wissen bis jetzt u. a., wann ein Vergleich entsteht und welche Anforderungen an ihn zu stellen sind. Auch haben wir Fälle kennen gelernt, in denen ein Vergleich gerade *nicht* entstanden ist. In diesem Kapitel gehen wir in der Regel von der klaren Existenz oder Nichtexistenz eines Vergleichs aus – die Probleme liegen jetzt woanders.

3.1 Der Vergleich im Instanzenzug

Bisher hatten wir den Vergleich lediglich in der ersten Instanz behandelt. Da müssen wir die anderen Instanzen schnell nachholen. Gleichzeitig gilt aber auch immer wieder: Wiederholung muss sein! Was Sie nicht wiederholen wollen, brauche Sie erst gar nicht zu lernen!

Fall 5 (Der Vergleich erster Instanz ohne Verhandlung)

Rechtsanwalt Rasche erhebt für Mertens Klage gegen Bertram über 6.600,00 DM. Im Termin zur mündlichen Verhandlung erörtern die Parteien die Sach- und Rechtslage. Schließlich einigt man sich dahingehend, dass B an M zur Abgeltung der Klageforderung 4.400,00 DM zahlt und 2/3 der Kosten übernimmt.

Hier handelt es sich eigentlich lediglich um eine Variante von bereits Besprochenem. Also können Sie sofort die Lösung formulieren:

Ihre Lösung zu Fall 5:

Gegenstandswert:
....

....

....

....

....

Summe: 2.598,80 DM
....

> Für die Kostenrechnung in der *Berufungsinstanz* gilt ebenfalls der uns
> bereits bekannte[3] § 11 BRAGO, wonach in der zweiten Instanz die volle
> Gebühr um drei Zehntel erhöht wird. Aus einer 10/10 Gebühr wird also eine
> 13/10 Gebühr.

Hier sogleich ein Beispiel:

Fall 6 (Zweite Instanz)

> Rechtsanwalt Rasche erhebt für Mertens Berufung gegen Bertram über
> 44.000,00 DM. Im Termin verhandeln die Parteien streitig zur Hauptsache.
> In einem weiteren Termin besprechen die Parteien ausführlich die Sach-
> und Rechtslage. Schließlich einigt man sich dahingehend, dass Bertram an
> Mertens zur Abgeltung der Berufungssumme einen einmaligen Betrag in
> Höhe von 35.200,00 DM zahlt und RA Rasche für Mertens die Berufung
> zurücknimmt. - Kostenrechnung für RA Rasche (zweite Instanz)?

---

[3] Siehe in derselben Reihe den Skriptband: Karsten Roeser, Gebühren im Zivilprozess.
Grundlagen und Regelgebühren, Gabler Verlag, Kapitel 6.2

Ihre Kostenrechnung:

Gegenstandswert: 44.000,00 DM ....

....

....

....

....

Summe: ....   6.131,18 DM

Der Fall war nicht weiter schwer, kommen wir deshalb gleich zur nächsten Instanz.

Auch in der *Revisionsinstanz* beträgt die Vergleichsgebühr 13/10. Dasselbe gilt auch für eine *Verhandlungs-* und *Erörterungsgebühr* (§ 11 I 4 BRAGO). Die *Prozessgebühr* entsteht jedoch in doppelter Höhe (20/10), § 11 I 5 BRAGO.

Hier unser nächster Fall:

Fall 7 (Die Sprungrevision)

Rechtsanwalt Rasche geht für Mertens in die Sprungrevision gegen Bertram wegen 150.000,00 DM. Nach Erörterung der Sach- und Rechtslage im Termin schließen die Parteien einen Vergleich, in dem sich Bertram verpflichtet, zum Ausgleich der Forderung an Mertens 100.000,00 DM zu zahlen. – Kostenrechnung für Rechtsanwalt R?

Ihre Lösung zu Fall 7:

Gegenstandswert: 150.000,00 DM

Postentgelte, §§ 11, 26 BRAGO	40,00 DM
16 % Umsatzsteuer, § 25 II BRAGO	1.805,92 DM
Summe:	13.092,92 DM

Die Musterlösung finden Sie auf Seite 46:

3.2   Der Vergleich unter einer aufschiebenden Bedingung und unter Widerruf

Der Rechtsanwalt erhält für die Mitwirkung beim Abschluss eines Vergleichs eine volle (oder in den Rechtsmittelinstanzen eine um 3/10 auf 13/10 erhöhte) Vergleichsgebühr. Wie verhält es sich nun aber bei einem Vergleich, der unter dem Vorbehalt eines Widerrufs abgeschlossen worden ist und bei dem ein Widerruf dann erfolgt ist?

Fall 8 (Der Widerrufsvergleich erster Instanz)

Klage über 9.000,00 DM durch Rechtsanwalt Rasche. Im ersten Termin wird die Sach- und Rechtslage zwischen den Parteien erörtert und sodann ein Vergleich geschlossen, wonach der Beklagte an den Kläger 7.200,00 DM zahlt. Die Parteien können den Vergleich binnen eines Monats widerrufen. Nach einem Gespräch mit dem Mandanten widerruft Rechtsanwalt Rasche auftragsgemäß den Vergleich fristgerecht. Daraufhin kommt es zur streitigen mündlichen Verhandlung, zu einer Beweisaufnahme mit Weiterverhandlung und zu einem Urteil. - Kostenrechnung?

Liegt ein Vergleich vor? Danach entscheidet sich, ob Sie eine Vergleichsgebühr berechnen können oder nicht. Schauen Sie sich noch einmal die Rechtsgrundlage für die Vergleichsgebühr oben Seite 14 an.

> Für die Mitwirkung bei einem unter einer *aufschiebenden Bedingung* oder unter dem Vorbehalt des *Widerrufs* geschlossenen Vergleich erhält der Rechtsanwalt die Vergleichsgebühr nur dann, wenn die Bedingung eingetreten ist oder der Vergleich nicht mehr widerrufen werden kann (§ 23 II BRAGO).
>
> Ein Vergleich, dessen Wirksamkeit von einer *Genehmigung* abhängt, löst die Vergleichsgebühr erst mit Genehmigung aus.

Das bedeutet im Klartext:

Eine Vergleichsgebühr entsteht erst dann, wenn ein wirksamer Vergleich auch abgeschlossen wurde. Eine *aufschiebende Bedingung* schiebt die Wirksamkeit des Vergleichs bis zum Eintritt der Bedingung hinaus. Vor Eintritt der Bedingung ist ein Vergleich eben noch nicht wirksam vorhanden und damit auch noch nicht die Vergleichsgebühr entstanden.

auflösende Bedingung

BEISPIEL FÜR EINE AUFSCHIEBENDE BEDINGUNG:

Ein vergleichsweise Regelung im Rahmen einer Ehescheidung steht unter der aufschiebenden Bedingung der Rechtskraft des Scheidungsurteils. Erst von diesem Zeitpunkt an entsteht dann auch die Vergleichsgebühr.

Ein *Widerruf* hebt den Vergleich auf. Er ist dann nicht zustande gekommen. Aus diesem Grunde entsteht die Vergleichsgebühr bei einem Widerrufsvergleich erst, wenn er nicht mehr widerrufen werden kann.

Widerruf

Hängt die Wirksamkeit eines Vergleichs erst von der *Genehmigung* einer Partei oder einer Behörde ab, so ist eben erst mit Zugang der Genehmigung ein Vergleich rechtswirksam abgeschlossen worden, erst die Genehmigung löst dann die Vergleichsgebühr aus.

Genehmigung

Ihre Lösung zu Fall 8:

Gegenstandswert: 9.000,00 DM

Postentgelte, §§ 11, 26 BRAGO	40,00 DM
16 % Umsatzsteuer, § 25 II BRAGO	265,60 DM
Summe:	1.925,60 DM

Die Lösung finden Sie auf Seite 46.

3.3   Der Teilvergleich

Beginnen wir gleich mit einem Fall:

Fall 9 (Der Teilvergleich sofort nach Aufruf)

> Klage über 36.000,00 DM durch RA R. Daraufhin bahnt der gegnerische
> Anwalt mit RA R Vergleichsgespräche an. Sie einigen sich, im nächsten
> Verhandlungstermin über eine Teilforderung einen Vergleich zu Protokoll zu
> geben. Im Termin schließen die Parteien sofort nach Aufruf der Sache einen
> Teilvergleich über eine Forderung von 7.200,00 DM in der Weise, dass der
> Beklagte hierfür an den Kläger 3.600,00 DM zahlt. Im Übrigen verhandeln
> die Parteien streitig über die Restforderung. Schließlich ergeht ein Urteil.

Eine Vergleichsgebühr stellt die Belohnung des Anwalts für seine Mitwirkung
an einem Vergleich dar. Denn der Vergleich entlastet die Gerichte: Über diese
Forderung braucht nicht weiter prozessiert, verhandelt und Beweis erhoben zu
werden, über den Vergleichswert braucht der Richter auch kein Urteil mehr zu
formulieren. Bei einem Teilvergleich wurde aber nur eine Teilforderung
einvernehmlich erledigt. Also gilt:

> Bei einem *Teilvergleich* kann die Vergleichsgebühr nur von dem Teilbetrag
> berechnet werden, der durch den Vergleich erledigt ist.

Bedenken Sie in Fall 9 auch die Streitwerte für die anderen entstandenen
Gebühren.

Ihre Lösung:

Gegenstandswert

Gegenstandswert:

Gegenstandswert:

Postentgelte, §§ 11, 26 BRAGO	40,00 DM
16 % Umsatzsteuer, § 25 II BRAGO	463,20 DM
Summe:	3.358,20 DM

Ob Ihre Lösung stimmt, können Sie auf Seite 42 nachsehen.

Wir sind mit diesem Kapitel so weit, dass wir jetzt nur noch zu wiederholen und zu üben brauchen. Schauen Sie sich unbedingt einmal die folgende Übersicht an!

3.4 Zusammenfassung

Was hatte ich bereits oben gesagt? Wiederholung muss sein! Was Sie nicht wiederholen wollen, brauchen Sie erst gar nicht zu lernen!

Was war in diesem Kapitel neu? Fassen wir zusammen:

1. **Der Gebührensatz im Instanzenzug**

   a) Der Gebührensatz für die Vergleichsgebühr und die Regelgebühren beträgt in der *Berufungsinstanz* 13/10.

   b) In der *Revisionsinstanz* beträgt eine Vergleichsgebühr ebenfalls 13/10.

   c) Die Prozessgebühr beträgt in der Revisionsinstanz 20/10 (§ 11 I 5 BRAGO), bei den übrigen Regelgebühren verbleibt es bei dem Gebührensatz von 13/10 (§ 11 I 4 BRAGO).

2. **Eine Vergleichsgebühr entsteht erst, wenn ein wirksamer Vergleich auch abgeschlossen wurde. Das bedeutet:**

   a) Wird ein Vergleich unter einer *aufschiebenden Bedingung* oder unter dem Vorbehalt des *Widerrufs* geschlossenen, erhält der Rechtsanwalt die Vergleichsgebühr nur dann, wenn die Bedingung eingetreten ist oder der Vergleich nicht mehr widerrufen werden kann (§ 23 II BRAGO).

   b) Muss ein Vergleich erst noch genehmigt werden, so ist die Vergleichsgebühr erst mit *Genehmigung* entstanden.

3. **Der Teilvergleich**

   a) Bei einem Teilvergleich kann die Vergleichsgebühr nur von dem *Teilbetrag* berechnet werden, der durch den Vergleich erledigt ist.

   b) Maßgeblich ist auch hier nicht die Vergleichssumme, sondern der *Vergleichswert*.

3.5 Lösungen zu den Fällen

Lösung zu Fall 5

Gegenstandswert: 6.600,00 DM

10/10 Prozessgebühr, §§ 11, 31 I 1 BRAGO	430,00 DM
10/10 Erörterungsgebühr, §§ 11, 31 I 4 BRAGO	430,00 DM
10/10 Vergleichsgebühr, §§ 11, 23 I 3 BRAGO	430,00 DM
Postentgelte, §§ 11, 26 BRAGO	40,00 DM
16 % Umsatzsteuer, § 25 II BRAGO	212,80 DM
Summe:	1.542,80 DM

Lösung zu Fall 6

Gegenstandswert: 44.000,00 DM

13/10 Prozessgebühr, §§ 11, 31 I 1 BRAGO	1.748,50 DM
13/10 Verhandlungsgebühr, §§ 11, 31 I 2 BRAGO	1.748,50 DM
13/10 Vergleichsgebühr, §§ 11, 23 I 3 BRAGO	1.748,50 DM
Postentgelte, §§ 11, 26 BRAGO	40,00 DM
16 % Umsatzsteuer, § 25 II BRAGO	845,68 DM
Summe:	6.131,18 DM

Der *Gebührensatz* beträgt diesmal 13/10. Es ist unerheblich für die Berech-
nung des *Gegenstandswerts* bei der Vergleichsgebühr, auf welche Zahlung
sich die Parteien in dem Vergleich geeinigt haben. Maßgeblich ist der Betrag,
der durch diese Vereinbarung erledigt sein soll. Es gilt nicht die Vergleichssumme, sondern der Vergleichswert. Und das ist die Berufungssumme. Eine
Erörterungsgebühr ist im zweiten Termin nicht entstanden, sie wird durch die
bereits vorhandene Verhandlungsgebühr verdrängt.

Lösung zu Fall 7

Gegenstandswert: 150.000,00 DM

20/10 Prozessgebühr, §§ 11, 31 I 1 BRAGO	4.890,00 DM
13/10 Erörterungsgebühr, §§ 11, 31 I 4 BRAGO	3.178,50 DM
13/10 Vergleichsgebühr, §§ 11, 23 I 3 BRAGO	3.178,50 DM
Postentgelte, §§ 11, 26 BRAGO	40,00 DM
16 % Umsatzsteuer, § 25 II BRAGO	1.805,92 DM
Summe:	13.092,92 DM

Lösung zu Fall 8

Gegenstandswert: 9.000,00 DM

10/10 Prozessgebühr, §§ 11, 31 I 1 BRAGO	540,00 DM
10/10 Verhandlungsgebühr, §§ 11, 31 I 2 BRAGO	540,00 DM
10/10 Beweisgebühr, §§ 11, 31 I 3 BRAGO	540,00 DM
Postentgelte, §§ 11, 26 BRAGO	40,00 DM
16 % Umsatzsteuer, § 25 II BRAGO	265,60 DM
Summe:	1.925,60 DM

Lösung zu Fall 9

10/10 Prozessgebühr, §§ 11, 31 I 1 BRAGO	1.265,00 DM
Gegenstandswert: 36.000,00 DM	
10/10 Verhandlungsgebühr, §§ 11, 31 I 2 BRAGO	1.105,00 DM
Gegenstandswert: 28.800,00 DM	
10/10 Vergleichsgebühr, §§ 11, 23 I 3 BRAGO	485,00 DM
Gegenstandswert: 7.200,00 DM	
Postentgelte, §§ 11, 26 BRAGO	40,00 DM
16 % Umsatzsteuer, § 25 II BRAGO	463,20 DM
Summe:	3.358,20 DM

3.6   Trainingsteil

Aufgabe 5

Rechtsanwalt R erhebt für M Klage gegen B auf Zahlung von 8.800,00 DM. Nach Zustellung der Klage zahlt B auf die Klageforderung 1.760,00 DM. Im Termin zur mündlichen Verhandlung wird dieser Betrag von den Parteien übereinstimmend für erledigt erklärt. Über die restliche Klageforderung verhandeln die Parteien streitig zur Sache. In einem weiteren Termin geben die Parteien einen Vergleich zu Protokoll, in dem sich B verpflichtet, zum Ausgleich der Klageforderung 5.280,00 DM zu zahlen und die Kosten des Rechtsstreits zu übernehmen. - Erstellen Sie die Kostenrechnung für Rechtsanwalt R!

....

....

....

....

....

....

....

Summe:
....

Aufgabe 6

Wie Aufgabe 5, nur befinden wir uns diesmal statt in der Klage- in der Berufungsinstanz. Nehmen wir zur Übung auch andere Streitwerte:

Rechtsanwalt R reicht für M Berufung gegen ein obsiegendes Urteil des B ein in Höhe von 64.800,00 DM. Nach Zustellung der Berufung zahlt B 12.960,00 DM. Im Termin wird dieser Betrag von den Parteien übereinstimmend für erledigt erklärt. Über die restliche Forderung verhandeln die Parteien streitig zur Sache. In einem weiteren Termin geben die Parteien einen Vergleich zu Protokoll, in dem sich B verpflichtet, zum

Ausgleich der restlichen Klageforderung 38.880,00 DM zu zahlen und die Kosten zu übernehmen.

....

....

....

....

....

....

....

Summe:
....

Aufgabe 7

Die Revisionsinstanz:

Rechtsanwalt Rasche geht für Mertens gegen Bertram in die Revision wegen 388.000,00 DM. Nach einer streitigen mündlichen Verhandlung schließen die Parteien in einem weiteren Termin einen Vergleich, in dem sich Bertram verpflichtet, zum Ausgleich des geltend gemachten Betrages an Mertens 258.667,00 DM zu zahlen. – Kostenrechnung für Rechtsanwalt Rasche?

....

....

....

....

....

Summe:
....

Aufgabe 8

Klage über 36.000,00 DM, im Termin Teilvergleich über eine Forderung von 7.200,00 DM auf Zahlung von 3.600,00 DM, nach einer streitigen mündlichen Verhandlung über die Restforderung findet eine Beweisaufnahme mit Weiterverhandlung statt und es ergeht ein Urteil.

....

....

....

....

....

....

....

....

Summe: ....

Aufgabe 9

Klage über 18.800,00 DM, im Termin schließen die Parteien nach Erörterung der Sach- und Rechtslage einen Vergleich, in dem sich der Beklagte zur Zahlung von 15.040,00 DM verpflichtet. Der Vergleich kann von beiden Parteien binnen eines Monats widerrufen werden. Rechtzeitig geht vor Ablauf der Frist ein Widerruf des Beklagten ein. Nach einer streitigen mündlichen Verhandlung findet eine Beweisaufnahme mit Weiterverhandlung statt und es ergeht ein Urteil.

....

....

....

....

....

....

3.7 Testen Sie sich selbst: Test- und Prüfungsfragen

1. **Wie hoch ist der Gebührensatz der Vergleichsgebühr**
   a) **in der ersten**
   b) **in der zweiten und**
   c) **in der dritten Instanz?**

   a)   10/10
   b)   13/10 und
   c)   ebenfalls 13/10

2. **Wie hoch ist der Gebührensatz der Prozessgebühr**
   a) **in der ersten**
   b) **in der zweiten und**
   c) **in der dritten Instanz?**

   a)   10/10
   b)   13/10 und
   c)   20/10

3. **Wie hoch ist der Gebührensatz der anderen Regelgebühren (Ver-handlungsgebühr, Beweisgebühr, Erörterungsgebühr)**
   a) **in der ersten**
   b) **in der zweiten und**
   c) **in der dritten Instanz?**

   a)   10/10
   b)   13/10 und
   c)   ebenfalls13/10

4. **Wann entsteht die Vergleichsgebühr für die Mitwirkung bei einem unter einer aufschiebenden Bedingung geschlossenen Vergleich?**

   wenn die Bedingung eingetreten ist

5. **Wann entsteht die Vergleichsgebühr für die Mitwirkung bei einem unter dem Vorbehalt des Widerrufs geschlossenen Vergleich?**

   wenn der Vergleich nicht mehr widerrufen werden kann

6. **Wann entsteht die Vergleichsgebühr, wenn der Vergleich, um wirksam zu werden, erst noch genehmigt werden muss?**

mit Zugang der Genehmigung

7. **Wann liegt ein Teilvergleich vor?**

Bei einem Teilvergleich schließen die Parteien lediglich über einen Teil der Klageforderung einen Vergleich.

8. **Wie hoch ist bei einem Teilvergleich der Gegenstandswert für die Vergleichsgebühr?**

Die Vergleichsgebühr kann nur von dem Teilbetrag berechnet werden, der durch den Vergleich erledigt ist.

9. **Welcher Betrag ist für den Gegenstandswert bei der Vergleichsgebühr maßgeblich: die Vergleichssumme oder der Vergleichswert?**

Maßgeblich ist der Vergleichswert.

3.8   Lösungen zum Trainingsteil

Lösung zu Aufgabe 5

10/10 Prozessgebühr, §§ 11, 31 I 1 BRAGO	540,00 DM
Gegenstandswert: 8.800,00 DM	
10/10 Verhandlungsgebühr, §§ 11, 31 I 2 BRAGO	485,00 DM
Gegenstandswert: 7.040,00 DM	
10/10 Vergleichsgebühr, §§ 11, 23 I 3 BRAGO	485,00 DM
Gegenstandswert: 7.040,00 DM	
Postentgelte, §§ 11, 26 BRAGO	40,00 DM
16 % Umsatzsteuer, § 25 II BRAGO	248,00 DM
Summe:	1.798,00 DM

Lösung zu Aufgabe 6

10/10 Prozessgebühr, §§ 11, 31 I 1 BRAGO	2.216,50 DM
Gegenstandswert: 64.800,00 DM	
10/10 Verhandlungsgebühr, §§ 11, 31 I 2 BRAGO	1.565,00 DM
Gegenstandswert: 51.840,00 DM	
10/10 Vergleichsgebühr, §§ 11, 23 I 3 BRAGO	1.565,00 DM
Gegenstandswert: 51.840,00 DM	
Postentgelte, §§ 11, 26 BRAGO	40,00 DM
16 % Umsatzsteuer, § 25 II BRAGO	861,84 DM
Summe:	6.248,34 DM

Lösung zu Aufgabe 7

Gegenstandswert: 388.000,00 DM	
20/10 Prozessgebühr, §§ 11, 31 I 1 BRAGO	7.450,00 DM
13/10 Verhandlungsgebühr, §§ 11, 31 I 2 BRAGO	4.842,50 DM
13/10 Vergleichsgebühr, §§ 11, 23 I 3 BRAGO	4.842,50 DM
Postentgelte, §§ 11, 26 BRAGO	40,00 DM
16 % Umsatzsteuer, § 25 II BRAGO	2.748,00 DM
Summe:	19.923,00 DM

Lösung zu Aufgabe 8

10/10 Prozessgebühr, §§ 11, 31 I 1 BRAGO	1.265,00 DM
Gegenstandswert: 36.000,00 DM	
10/10 Verhandlungsgebühr, §§ 11, 31 I 2 BRAGO	1.105,00 DM
Gegenstandswert: 28.800,00 DM	
10/10 Beweisgebühr, §§ 11, 31 I 3 BRAGO	1.105,00 DM
Gegenstandswert: 28.800,00 DM	
10/10 Vergleichsgebühr, §§ 11, 23 I 3 BRAGO	485,00 DM
Gegenstandswert: 7.200,00 DM	
Postentgelte, §§ 11, 26 BRAGO	40,00 DM
16 % Umsatzsteuer, § 25 II BRAGO	640,00 DM
Summe:	4.640,00 DM

Lösung zu Aufgabe 9

Gegenstandswert: 18.800,00 DM	
10/10 Prozessgebühr, §§ 11, 31 I 1 BRAGO	945,00 DM
10/10 Verhandlungsgebühr, §§ 11, 31 I 2 BRAGO	945,00 DM
10/10 Beweisgebühr, §§ 11, 31 I 3 BRAGO	945,00 DM
Postentgelte, §§ 11, 26 BRAGO	40,00 DM
16 % Umsatzsteuer, § 25 II BRAGO	460,00 DM
Summe:	3.335,00 DM

4 Belohnung muss sein: Der außergerichtliche Vergleich

Die Rechtsgrundlage für die Vergleichsgebühr (§ 23) steht im Abschnitt „Gemeinsame Vorschriften über Gebühren und Auslagen" und bezieht sich schon von diesem Stellenwert her nicht nur auf die Prozessgebühren. In der Tat kann die Vergleichsgebühr in den meisten gerichtlichen, aber auch außergerichtlichen Angelegenheiten anfallen.

4.1 Wesen und Gebührensatz

Wenn Sie sich die Rechtsgrundlage noch einmal ansehen (s. o. Seite 14), so fällt auf, dass die Vergleichsgebühr sogleich im ersten Satz des § 23 definiert wird und nicht, wie die Vergleichsgebühr im Zivilprozess, in Höhe von 10/10 (§ 23 I 3), sondern sogar in Höhe von 15/10 entsteht. Da in Satz 3 die Vergleichsgebühr im gerichtlichen Verfahren geregelt ist, kann mit Satz 1 nur ein außergerichtlicher Vergleich gemeint sein.

Nach altem Recht stand dem Rechtsanwalt eine 15/10 Vergleichsgebühr nur *Anwaltsvergleich* bei Abschluss eines Anwaltsvergleichs nach § 1044 ZPO (alte Fassung) zu. Jetzt gilt diese frühere Sonderregelung für alle außergerichtlichen Vergleiche. Der Anwaltsvergleich geht demgegenüber in der Praxis stark zurück, so dass auf die schwierigen und zum Teil auch streitigen Besonderheiten des Anwaltsvergleichs, insbesondere auch im Zusammenhang mit der Vollstreckbarerklärung, hier nicht weiter eingegangen werden soll. Auch in den Prüfungen spielt diese Sonderform des Vergleichs kaum eine Rolle. – Halten wir also fest:

> Für die Mitwirkung bei einem *außergerichtlichen Vergleich* entsteht für den Rechtsanwalt eine *15/10 Vergleichsgebühr nach § 23 I 1 BRAGO.*

Dieser erhöhte Gebührensatz bei dem außergerichtlichen Vergleich stellt eine gewisse „Belohnung" des Rechtsanwalt dar, der durch die Mitwirkung an der gütlichen Einigung der Parteien nicht nur einen großen Beitrag zum Rechtsfrieden geleistet hat, sondern zugleich auch zur Entlastung der Gerichte.

Fall 10 (Der Geschäftsfreund)

> Rechtsanwalt Rasche wird von Mertens beauftragt, gegen Bertram wegen einer Kaufpreisforderung tätig zu werden. Da Bertram ein Geschäftsfreund von Mertens ist, erteilt Mertens noch keinen Prozessauftrag, vielmehr gibt er zu verstehen, dass er aus geschäftlichen Gründen auch zu einem gewissen Entgegenkommen bereit sei. Die Forderung beläuft sich auf insgesamt 6.600,00 DM zuzüglich Zinsen. Ein von Rasche formuliertes anwaltliches Aufforderungsschreiben bleibt erfolglos.
>
> In einer Besprechung mit Bertram gelingt es Rechtsanwalt Rasche, einen Vergleich dahingehend abzuschließen, dass Bertram zum Ausgleich des geltend gemachten Betrages 4.480,00 DM zahlt und die Kosten übernimmt.

Zur Wiederholung Erinnern Sie sich noch?[4] Der Auftrag des Mandanten von RA Rasche stellt eine *Geschäftsbesorgung* dar, die spätestens nach dem Aufforderungsschreiben eine Geschäftsgebühr gemäß § 118 I 1 BRAGO auslöste. Es ist durchaus keine Seltenheit, dass der Rechtsanwalt gebeten wird, zunächst ausschließlich außergerichtlich tätig zu werden, da viele Firmen auch wirtschaftlich miteinander verflochten sind und der Anspruchsteller oft auch zum Nachgeben bereit ist, um einen langjährigen Geschäftsfreund nicht zu verlieren. Die Besprechung mit dem Gegner führt natürlich zu der *Besprechungsgebühr* gemäß § 118 I 2 BRAGO. Auch das hatten wir im Kurs 2 behandelt. Gehen Sie bei Ihrer Kostenrechnung wie immer, wenn bei einer Rahmengebühr keine weiteren Kriterien des § 12 erwähnt werden, von einer Mittelgebühr aus.

Ihre Kostenrechnung:

Gegenstandswert: 6.600,00 DM

....

....

....

16 % Umsatzsteuer, § 25 II BRAGO	212,80 DM
Summe:	1.542,80 DM

---

[4] Siehe hierzu in derselben Reihe den Skriptband: Karsten Roeser, Die außergerichtlichen Gebühren des Rechtsanwalts, Gabler Verlag

4.2 Vergleichsgebühr und Betriebsgebühr

Sie sehen: Sowohl bei einem gerichtlichen als auch bei einem außergerichtlichen Vergleich steht die Vergleichsgebühr niemals allein. Sie ist lediglich eine Erfolgsgebühr. Es kommt immer noch eine weitere Gebühr hinzu, die sich auf die Tätigkeit, den Auftrag des Rechtsanwalts bezieht, der diesem Vergleich zugrunde liegt und wird deshalb Tätigkeitsgebühr oder Betriebsgebühr genannt. Dann muss unterschieden werden, ob es sich bei dieser Tätigkeit um eine im gerichtlichen Verfahren handelt (dann beträgt der Gebührensatz, wie bereits besprochen, 10/10 bzw. in den Rechtsmittelinstanzen 13/10) oder um eine außergerichtliche (dann 15/10 Vergleichsgebühr). Gleichgültig ist es für den Prozessvergleich, um welche Art der gerichtlichen Tätigkeit es sich dabei handelt.

Als *gerichtlicher Vergleich* und damit zu einer *lediglich vollen Vergleichsgebühr* zählt der Vergleichsabschluss im Rahmen folgender Tätigkeiten des Rechtsanwalts:

- Bei einem Prozessvergleich ist es stets auch die *Prozessgebühr* nach § 31 I 1 BRAGO, die noch hinzukommt
- oder die Gebühr nach § 32 II (*Differenzprozessgebühr*),
- die Tätigkeit nach § 52 (bei dem *Korrespondenzanwalt*) und
- im Verfahren auf einstweiligen Rechtsschutz nach § 40 (*Arrest- und einstweilige Verfügungsverfahren*), wenn man sich über die Sicherung einigt,
- im *Mahnverfahren* (§ 43); denkbar ist eine volle Vergleichsgebühr
- sogar in der *Zwangsvollstreckung,* wenn Vollstreckungsorgan ein Gericht ist
- und in dem *Prozesskostenhilfeverfahren* (vgl. ausdrücklich § 23 I 3 HS 2)

Als *außergerichtliche Vergleiche* und damit zu einer *15/10 Vergleichsgebühr* führen insbesondere Vergleichsabschlüsse

- beim Anfall einer *Geschäftsgebühr* gemäß § 118 I 1 BRAGO,
- bei einer *vorzeitigen Beendigung des Prozessauftrags*, § 32 I und
- nach §§ 57, 58 im Rahmen der *Zwangsvollstreckung*, wenn Vollstreckungsorgan der Gerichtsvollzieher ist (streitig)

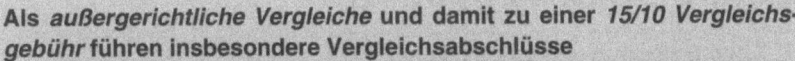

Nehmen wir als Beispiel einen Fall:

Fall 11 (Die vorzeitige Erledigung)

> RA R erhält von M Klageauftrag über 23.500,00 DM und unterschreibt eine entsprechende Prozessvollmacht. Gleichzeitig gibt M zu verstehen, dass er auch an einer schnellen vergleichsweisen Regelung interessiert ist. RA R bereitet die Klage vor, führt jedoch noch vor Klageerhebung einen Vergleich herbei.

Ihre Lösung:

Gegenstandswert: 23.500,00 DM

Postentgelte, §§ 11, 26 BRAGO	40,00 DM
16 % Umsatzsteuer, § 25 II BRAGO	334,40 DM
Summe:	2.424,40 DM

Die Musterlösungen zu den Fällen 10 und 11 finden Sie ab Seite 60.

4.3 Form des außergerichtlichen und des gerichtlichen Vergleichs

Formfreiheit

Der *außergerichtliche Vergleich* ist grundsätzlich *formfrei*, auch wenn er in der Praxis häufig schriftlich abgefasst wird.

Bestehen jedoch *gesetzliche Formvorschriften*, so müssen diese eingehalten werden.

BEISPIELE FÜR FORMVORSCHRIFTEN:

§ 313 I BGB (Erwerb von Grundstücken) und

§ 2033 I BGB (Verfügung des Miterben über seinen Anteil):

Es ist je eine notarielle Beurkundung erforderlich.

Eine *Ausnahme* gibt es nach § 782 BGB: Zwar bedürfen ein Schuldversprechen (§ 780 BGB) und ein Schuldanerkenntnis (§ 781) unter Privatleuten
grundsätzlich der Schriftform. Werden sie jedoch im Wege eines Vergleichs
erteilt, dann sind sie formlos wirksam.

Ein *gerichtlicher Vergleich* ersetzt jede anderweitig vorgeschriebene Form,
wenn er in ein Protokoll aufgenommen wurde, das nach den Vorschriften der
ZPO zustande gekommen ist (§ 127a ZPO). Auf die bei einer gerichtlichen
Protokollierung zu beachtenden Vorschriften (§§ 160 III Nr. 1, 160a, 162, 163
ZPO) sei hier lediglich verwiesen.

Ein Prozessvergleich, der eine der genannten Formvorschriften verletzt, etwa
weil er nicht vorgelesen und genehmigt wurde, ist prozessual unwirksam.

4.4   Zusammenfassung

Fassen wir zusammen: Was war neu?

1. Für die Mitwirkung bei einem *außergerichtlichen Vergleich* entsteht für
    den Rechtsanwalt eine *15/10 Vergleichsgebühr nach § 23 I 1 BRAGO*.
    Der erhöhte Gebührensatz stellt eine gewisse „Belohnung" des Rechtsan-
    walt dafür dar, dass er nicht nur einen großen Beitrag zum Rechtsfrieden,
    sondern zugleich auch zur Entlastung der Gerichte geleistet hat.

2. Sowohl bei einem gerichtlichen als auch bei einem außergerichtlichen
    Vergleich steht die Vergleichsgebühr niemals allein. Sie ist lediglich eine
    Erfolgsgebühr.

3. Zur Vergleichsgebühr kommt immer noch eine weitere Gebühr hinzu, die
    sich auf den Auftrag des Rechtsanwalts bezieht, der diesem Vergleich
    zugrunde liegt und wird deshalb *Tätigkeitsgebühr* oder *Betriebsgebühr*
    genannt.

4. Gleichgültig ist es für den Prozessvergleich, um welche Art der gerichtlichen Tätigkeit es sich dabei handelt. Die Gebühr für den *Prozessvergleich* kann also zusammen entstehen mit der
    - *Prozessgebühr,*
    - der *Differenzprozessgebühr,*
    - der *Korrespondenzgebühr,*
    - im *Arrest- und einstweiligen Verfügungsverfahren,*
    - im *Mahnverfahren,*
    - in der *Zwangsvollstreckung*
    - und im *Prozesskostenhilfeverfahren.*

5. Neben einer *außergerichtlichen Vergleichsgebühr* kann insbesondere noch stehen
    - die *Geschäftsgebühr,*
    - die *Gebühr für die vorzeitigen Beendigung des Prozessauftrags*
    - und die *Vollstreckungsgebühr.*

6. Der *außergerichtliche Vergleich* ist grundsätzlich *formfrei.* Gesetzliche Formvorschriften müssen jedoch eingehalten werden.

7. Ein *gerichtlicher Vergleich* ersetzt jede anderweitig vorgeschriebene Form, wenn er in ein formell ordnungsgemäßes Protokoll aufgenommen wurde.

4.5 Lösungen zu den Fällen

Lösung zu Fall 10

Gegenstandswert: 6.600,00 DM

7,5/10 Geschäftsgebühr, §§ 12, 118 I 1 BRAGO	322,50 DM
7,5/10 Besprechungsgebühr, §§ 12, 118 I 2 BRAGO	322,50 DM
15/10 Vergleichsgebühr, §§ 11, 23 I 1 BRAGO	645,00 DM
Postentgelte, §§ 11, 26 BRAGO	40,00 DM
16 % Umsatzsteuer, § 25 II BRAGO	212,80 DM
Summe:	1.542,80 DM

Das ist ein leichter Fall zum außergerichtlichen Vergleich. Rechtsanwalt Rasche wird durch seine Mitwirkung bei der außergerichtlichen Einigung mit einer 15/10 Gebühr belohnt.

Lösung zu Fall 11

Gegenstandswert: 23.500,00 DM

5/10 Prozessgebühr, §§ 11, 32 I BRAGO	512,50 DM
15/10 Vergleichsgebühr, §§ 11, 23 I 1 BRAGO	1.537,50 DM
Postentgelte, §§ 11, 26 BRAGO	40,00 DM
16 % Umsatzsteuer, § 25 II BRAGO	334,40 DM
Summe:	2.424,40 DM

Zwar wurde eine Prozessvollmacht unterschrieben, doch war der Rechtsstreit noch nicht rechtshängig. Der Vergleich war weiterhin ein außergerichtlicher mit dem erhöhten Gebührensatz.

4.6   Trainingsteil

Die nachfolgenden Aufgaben sind wichtig, runden das Kapitel ab und wiederholen auch den Stoff vorheriger Kapitel! Die Lösungen zu den nachfolgenden Aufgaben finden Sie ab Seite 66.

Aufgabe 10

RA Rasche wird von Mertens beauftragt, gegen die Stadt wegen 8.800,00 DM außergerichtlich tätig zu werden und gegebenenfalls einen Vergleich herbeizuführen. Nach einem von Rasche formulierten anwaltlichen Aufforderungsschreiben bestreitet die Stadt wichtige Tatsachen. Es kommt mit RA Rasche, Mertens und der Stadt zu einem Erörterungstermin und zu einer Ortsbesichtigung. In diesem Termin gelingt es RA Rasche, einen Vergleich dahingehend abzuschließen, dass die Stadt zum Ausgleich des geltend gemachten Betrages 5.980,00 DM zahlt.

Ihre Lösung:

....

....

....

....

....

....

Summe: ....

Aufgabe 11

RA R bereitet die Zwangsvollstreckung über insgesamt 36.500,00 DM in das bewegliche Vermögen des B vor. B ruft vorher RA R an und teilt ihm mit, er sei zur Zeit nicht liquide, erwarte aber in einigen Monaten erhebliche finanzielle Mittel und sei deshalb an einer vergleichsweisen Regelung interessiert. RA R vereinbart daraufhin mit B monatliche Ratenzahlungen, die Erstellung einer Bürgschaft zur Sicherheit und Zahlung des Restbetrages zu einem festen Termin. Wenn diese Vereinbarungen eingehalten werden, so wolle er mit der weiteren ZV abwarten. So geschieht es.

....

....

....

....

....

Summe: ....

Aufgabe 12

Rechtsanwalt Rasche wird von Martens beauftragt, gegen Bertram wegen einer Kaufpreisforderung von 24.500 DM tätig zu werden. Martens erteilt noch keinen Prozessauftrag. Ein von Rechtsanwalt Rasche formuliertes anwaltliches Aufforderungsschreiben bleibt erfolglos und Bertram lässt sich nach Zugang des Schreibens von RA Schmitz vertreten. In einem Vergleichsgespräch schließen die Rechtsanwälte für die Parteien einen Vergleich, in dem Bertram verpflichtet wird, an Martens 16.600,00 DM zu zahlen. Der Vergleich kann jedoch binnen eines Monats von beiden Parteien widerrufen werden. Ein solcher Widerruf geht rechtzeitig bei RA Rasche ein.

Nachdem RA Rasche daraufhin Prozessvollmacht erhalten hat, erhebt er Klage gegen Bertram. Im Termin verhandeln die Parteien streitig. Nach einer Beweisaufnahme ergeht ein Urteil. - Kostenrechnung für Rechtsanwalt Rasche für seine gerichtliche und außergerichtliche Tätigkeit?

Falls Sie noch Schwierigkeiten mit der Lösung haben, schauen Sie doch zur Sicherheit auch noch mal in den Kurs 2[5] hinein, insbesondere in das Kapitel 4.3 (Der nachfolgende Rechtsstreit)!

---

[5] Siehe in derselben Reihe den Skriptband Karsten Roeser, Die außergerichtlichen Gebühren des Rechtsanwalts, Gabler Verlag

....

....

....

....

....

....

....

....

....

....

....

Summe:
....

4.7   Testen Sie sich selbst: Test- und Prüfungsfragen

1. **Nach welcher Vorschrift entsteht für die Mitwirkung bei einem außergerichtlichen Vergleich für den Rechtsanwalt eine Vergleichsgebühr?**

    Nach § 23 I 1 BRAGO

2. **In welcher Höhe entsteht diese Gebühr?**

    in Höhe einer 15/10 Gebühr

3. Warum ist diese Gebühr erhöht?

Die Gebühr stellt eine gewisse „Belohnung" des Rechtsanwalt dar, der durch die Mitwirkung an dem außergerichtlichen Vergleich einen Beitrag zum Rechtsfrieden und zur Entlastung der Gerichte geleistet hat.

4. Was meint man damit, wenn man die Vergleichsgebühr als „Erfolgsgebühr" bezeichnet?

Die Vergleichsgebühr entsteht immer nur dann, wenn ein Vergleich auch wirksam abgeschlossen wurde und existiert. Das ist z. B. bei einem Widerrufsvergleich, der später wirksam widerrufen wurde, nicht der Fall.

5. Mit der Vergleichsgebühr kann auch immer eine sog. „Tätigkeitsgebühr" oder „Betriebgebühr" berechnet werden. Nennen Sie solche Betriebsgebühren, die in einem *gerichtlichen Verfahren* noch mit der Vergleichsgebühr entstehen können.

Betriebsgebühren im gerichtlichen Verfahren können neben der Vergleichsgebühr sein:
die Prozessgebühr, die Differenzprozessgebühr, die Korrespondenzanwalt, die Gebühr für das Arrest- und einstweilige Verfügungsverfahren, die Gebühr für den Erlass des Mahnbescheids, die Vollstreckungsgebühr und die Gebühr im Prozesskostenhilfeverfahren.

6. Nennen Sie solche Betriebsgebühren, die mit einem *außergerichtlichen Vergleich* noch entstehen können.

die Geschäftsgebühr, die Gebühr bei der vorzeitigen Beendigung des Prozessauftrags und im Rahmen der Zwangsvollstreckung, wenn Vollstreckungsorgan der Gerichtsvollzieher ist

7. Welche Form gilt für den außergerichtlichen Vergleich?

Der außergerichtliche Vergleich ist grundsätzlich formfrei.

8. Wann ist jedoch eine Form zu beachten?

wenn sie besonders gesetzlich vorgeschrieben ist

9. Welche zwei gesetzlichen Ausnahmen gibt es aber hier?

Nach § 782 BGB bedürfen zwar ein Schuldversprechen (§ 780 BGB) und ein Schuldanerkenntnis (§ 781) unter Privatleuten grundsätzlich der Schriftform. Werden sie jedoch im Wege eines Vergleichs erteilt, dann sind sie formlos wirksam.

10. Was ist zur Form bei einem gerichtlichen Vergleich zu sagen?

Ein wirksamer gerichtlicher Vergleich ersetzt jede anderweitig vorgeschriebene Form. Ein Prozessvergleich, der gesetzliche Formvorschriften
verletzt, etwa weil er nicht vorgelesen und genehmigt wurde, ist unwirksam.

4.8   Lösungen zum Trainingsteil

Haben Sie die Fälle zutreffend gelöst? Vergleichen Sie:

Lösung zu Aufgabe 10

Gegenstandswert: 8.800,00 DM

7,5/10 Geschäftsgebühr, §§ 12, 118 I 1 BRAGO	405,00 DM
7,5/10 Besprechungsgebühr, §§ 12, 118 I 2 BRAGO	405,00 DM
7,5/10 Beweisaufnahmegebühr, §§ 12, 118 I 3 BRAGO	405,00 DM
15/10 Vergleichsgebühr, §§ 11, 23 I 1 BRAGO	810,00 DM
Postentgelte, §§ 11, 26 BRAGO	40,00 DM
16 % Umsatzsteuer, § 25 II BRAGO	330,40 DM
Summe:	2.395,40 DM

Eine zu Beweiszwecken anberaumte Ortsbesichtigung mit dem Gegner löst
eine Beweisaufnahmegebühr nach § 118 I 3 BRAGO aus[6].

---

[6] Siehe hierzu in derselben Reihe den Skriptband: Karsten Roeser, Die außergerichtlichen Gebühren des Rechtsanwalts, Gabler Verlag

Lösung zu Aufgabe 11

Gegenstandswert: 36.500,00 DM

3/10 Vollstreckungsgebühr, §§ 11, 57, 58 BRAGO	379,50 DM
15/10 Vergleichsgebühr, §§ 11, 23 I 1 BRAGO	1.897,50 DM
Postentgelte, §§ 11, 26 BRAGO	40,00 DM
16 % Umsatzsteuer, § 25 II BRAGO	370,72 DM
Summe:	2.687,72 DM

Es entsteht eine 15/10 Vergleichsgebühr, weil der Vergleich außergerichtlich, d. h. nicht in einem gerichtlichen Verfahren abgeschlossen wurde. Zuständig war ja für die Mobiliarvollstreckung der Gerichtsvollzieher. Anders lautet die Kostenrechnung dann, wenn für die Vollstreckung ein Gericht zuständig ist und der Vergleich dort protokolliert wird, wie es etwa bei einer Immobiliarvollstreckung oder einer Vollstreckung wegen Duldungen, Unterlassungen oder der Vornahme von Handlungen der Fall ist. Hier würde eine 10/10 Vergleichsgebühr berechnet werden können.

Lösung zu Aufgabe 12

Die außergerichtliche Tätigkeit des Rechtsanwalts

Gegenstandswert: 24.500,00 DM

7,5/10 Besprechungsgebühr, §§ 11, 12, 118 I 2 BRAGO	768,80 DM
Postentgelte, §§ 11, 26 BRAGO	40,00 DM
16 % Umsatzsteuer, § 25 II BRAGO	129,41 DM
Summe:	938,21 DM

Gebühren im Zivilprozess

Gegenstandswert: 24.500,00 DM

10/10 Prozessgebühr, §§ 11, 31 I 1 BRAGO	1.025,00 DM
10/10 Verhandlungsgebühr, §§ 11, 31 I 2 BRAGO	1.025,00 DM
10/10 Beweisgebühr, §§ 11, 31 I 3 BRAGO	1.025,00 DM
Postentgelte, §§ 11, 26 BRAGO	40,00 DM
16 % Umsatzsteuer, § 25 II BRAGO	498,40 DM
Summe:	3.613,40 DM

Klar, bei einem Widerruf gibt es keine Vergleichsgebühr, weil dann ja ein Vergleich nicht mehr existiert. Die Geschäftsgebühr geht in die Prozessgebühr auf, die Besprechungsgebühr bleibt jedoch stehen, also gibt es darauf auch Postentgelte und Umsatzsteuer.

5 In Kombination: Der gerichtliche und außergerichtliche Vergleich

Wir haben den gerichtlichen Vergleich besprochen, dann den außergerichtlichen. Häufig kommen aber auch Vergleiche zustande, die im gerichtlichen Verfahren in einem Termin protokolliert werden und die sowohl rechtshängige als auch nicht rechtshängige Ansprüche umfassen. Damit sind jedoch erhebliche gebührenrechtliche Besonderheiten und auch Schwierigkeiten verbunden, so dass wir diese in einem eigenen Kapitel behandeln müssen.

Die vergleichsweise Regelung über rechtshängige und nicht rechtshängige Ansprüche kommt z. B. besonders bei der Arbeitsgerichtsbarkeit vor, doch bleiben wir der Einfachheit halber bei der ordentlichen Gerichtsbarkeit. Für die Arbeitsgerichtsbarkeit gilt aber wegen der Verweisungsnorm des § 62 II BRAGO nichts anderes.

5.1 Die Berechnung der Vergleichsgebühren

Damit wir uns die Problematik einmal vor Augen führen, beginnen wir gleich mit

Fall 12 (Die Klage über eine Teilforderung)

Rechtsanwalt Rasche erhält von M Klageauftrag gegen B über 30.000,00 DM. Unser RA reicht aber lediglich über eine Teilforderung von 10.000,00 DM Klage ein. Nach Zustellung der Klage an Bertram bestellt sich für diesen Rechtsanwalt Schmitz als Prozessbevollmächtigter. Beide Anwälte vereinbaren mit Zustimmung der Parteien, im kommenden Termin einen Vergleich in der Weise zu Protokoll zu geben, dass Bertram zur Abgeltung der rechtshängigen Forderung und der außergerichtlichen Forderung von 20.000,00 DM an Mertens 25.000,00 DM in Raten zahlt und die Kosten übernimmt. Gleich nach Aufruf der Sache lassen die Parteien einen solchen Vergleich protokollieren.

Werden in einem gerichtlichen Vergleich nicht nur die im Prozess geltend gemachten, also rechtshängigen, Ansprüche verglichen, sondern auch noch weitere nicht rechtshängige Forderungen, so müssen wir das bisher zu dem Vergleich über rechtshängige und nicht rechtshängige Ansprüche Gesagte miteinander kombinieren.

Sicherlich, es wurde vor Gericht *ein* Vergleich protokolliert, durch den 30.000,00 DM erledigt werden sollen. Trotzdem entsteht nicht eine einzige Vergleichsgebühr über diesen Betrag, sondern es sind zu berechnen:

Ein Vergleich -
zwei Vergleichs-
gebühren

1. eine 10/10 Vergleichsgebühr über den *rechtshängigen Teil*, also von 10.000,00 DM und

2. eine 15/10 Vergleichsgebühr über den *nicht rechtshängigen Teil*, der in dem Prozessvergleich ebenfalls mitverglichen wurde, also von 20.000,00 DM.

Halten wir fest:

> Ein Vergleich kann auch über eine rechtshängige und nicht rechtshängige (= außergerichtliche) Forderung gleichzeitig geschlossen werden. In diesem Fall entsteht über den rechtshängigen Teil eine 10/10 Vergleichsgebühr gemäß § 23 I 3 BRAGO und über den nicht rechtshängigen Teil eine 15/10 Vergleichsgebühr nach § 23 I 1 BRAGO.

Bei dieser Lösung fällt aber auf, dass in derselben Instanz zweimal eine Vergleichsgebühr berechnet wird. In diesem Fall muss noch eine weitere Vorschrift beachtet werden, und auch das ist ein Grund, warum wir erst diese Vorschrift noch besprechen müssen, bevor wir Fall 12 lösen können. Die Vorschrift lautet im Wortlaut:

> **§ 13 III BRAGO Gebührenbegrenzung bei Teilbeträgen**
>
> (3) Sind für Teile des Gegenstands verschiedene Gebührensätze anzuwenden, so erhält der Rechtsanwalt für die Teile gesondert berechnete Gebühren, jedoch nicht mehr als die aus dem Gesamtbetrag der Wertteile nach dem höchsten Gebührensatz berechnete Gebühr.

Das bedeutet mit anderen Worten:

Die 15/10 Vergleichsgebühr und die 10/10 Vergleichsgebühr dürfen zusammen nicht mehr betragen als eine einheitliche 15/10 Gebühr von dem zusammengerechneten Gegenstandswert.

In unserem Fall 12 müssen wir also eine 10/10 Vergleichsgebühr von 10.000,00 DM und eine 15/10 Vergleichsgebühr von 20.000,00 DM berechnen und dann berücksichtigen, dass beide Vergleichsgebühren zusammen nicht mehr betragen dürfen als eine einheitliche 15/10 Gebühr von 30.000,00 DM.

Hinsichtlich der Vergleichsgebühren könnte die Berechnung etwa so aussehen:

10/10 Vergleichsgebühr, §§ 11, 23 I 3 BRAGO	595,00 DM	
Gegenstandswert: 10.000,00 DM		
15/10 Vergleichsgebühr, §§ 11, 23 I 1 BRAGO	1.417,50 DM	
Gegenstandswert: 20.000,00 DM	2.012,50 DM	
Gebühr gemäß § 13 III BRAGO		1.657,50 DM

Da die beiden Vergleichsgebühren zusammen mehr betragen würden als eine 15/10 Gebühr von 30.000,00 DM (= 1.657,50 DM), werden die Vergleichsgebühren auf diesen Betrag gekürzt.

ÜBUNG 1:

Ergänzen Sie die Lücken:

Wenn der Rechtsanwalt Klage über 2.000 DM einreicht und im Termin weitere nicht rechtshängige Ansprüche von 1.000 DM durch Vergleich mit erledigt,

so erhält er über die rechtshängigen _____ DM eine ____/10 und über

die nicht rechtshängige Forderung von _____ DM eine ____/10 Vergleichsgebühr.

Die Lösung finden Sie in dem Kapitel Lösungen zu den Fällen ab Seite 81.

Noch können wir aber unseren Fall 12 nicht lösen, wir stoßen nämlich noch auf ein weiteres Problem:

5.2   Die Differenzprozessgebühr

Das nächste Problem liegt nämlich bei dem außergerichtlichen Teil. Sicher, über diesen Teil ist ein Vergleich geschlossen worden, und der Rechtsanwalt wird deshalb mit einer Erhöhung der Gebühr auf 15/10 belohnt. Das ist aber noch nicht alles, schließlich hat er mit dem Gegner über diesen Teil außergerichtlich verhandelt und hierüber einen *gerichtlichen* Vergleich geschlossen, er hat diesen Teil also irgendwie doch mit in den Prozess einbezogen und sogar hierüber einen gerichtlichen Vollstreckungstitel erwirkt, nämlich den Vergleich. Deshalb gilt noch eine weitere Vorschrift, der § 32 Abs. 2 BRAGO, der auf Absatz 1 verweist. Hier ist der Wortlaut:

> **§ 32 BRAGO Vorzeitige Beendigung des Auftrags**
>
> (1) Endigt der Auftrag, bevor der Rechtsanwalt die Klage, den ein Verfahren einleitenden Antrag oder einen Schriftsatz, der Sachanträge, die Zurücknahme der Klage oder die Zurücknahme des Antrags enthält, eingereicht oder bevor er für seine Partei einen Termin wahrgenommen hat, so erhält er nur eine halbe Prozessgebühr.
>
> **(2) Das gleiche gilt, soweit lediglich beantragt ist, eine Einigung der Parteien zu Protokoll zu nehmen.**

Das bedeutet im Klartext, wenn die Parteien im Termin eine Einigung über einen Anspruch protokollieren, der nicht Gegenstand des Prozesses ist:

Wird ein gerichtlicher Vergleich über nicht rechtshängige Forderungen geschlossen, so entsteht über diesen nicht rechtshängigen Teil eine halbe Prozessgebühr gemäß § 32 II BRAGO.

Diese Gebühr kommt also noch zur 15/10 Vergleichsgebühr hinzu.

Prozessauftrag erforderlich

Voraussetzung ist allerdings, dass der Rechtsanwalt auch wegen des nicht rechtshängigen Betrages Prozessauftrag hat. Fehlt ein solcher Prozessauftrag, so erhält der Rechtsanwalt eine Gebühr nach *§ 118 Abs. 1 Nr. 1 BRAGO*. Diese Vorschrift schließt jedoch die Anwendung des § 32 II BRAGO aus.

Begriffe

Da die Prozessgebühr des § 32 II BRAGO schon für die Protokollierung der nicht rechtshängigen Ansprüche entsteht, wird sie auch *Protokollierungsgebühr* genannt. Weil sie zusätzlich zur Prozessgebühr des § 31 I 1 BRAGO berechnet werden kann, heißt sie auch *erhöhte Prozessgebühr*, und weil sie schließlich über den nicht rechtshängigen Betrag geschlossen wird, also über die Differenz zwischen dem im Vergleich erledigten und dem rechtshängigen Betrag, wird diese Gebühr vor allem *Differenzprozessgebühr* genannt.

Wie der oben wiedergegebene Wortlaut des § 32 II BRAGO besagt, entsteht diese Gebühr schon bei der Beantragung einer Einigung. Ist diese Einigung ein Vergleich, entsteht sie also mit dem *Antrag auf Protokollierung des Vergleichs*.

Entstehung

Widerrufsvergleich

Und wenn es sich um einen *Widerrufsvergleich* handelt, der fristgerecht widerrufen wird? Wie im ersten Teil bereits ausgeführt wurde, darf in diesem Falle für den wirksam widerrufenen Teil keine Vergleichsgebühr berechnet werden. Ganz anders aber bei der Differenzprozessgebühr, diese darf liquidiert werden, weil die bloße Protokollierung einer Einigung schon ausreicht. Nehmen wir als Beispiel einen weiteren Fall:

Fall 13 (Der Widerrufsvergleich 1)

> Rechtsanwalt R erhebt für M Klage gegen B auf Zahlung von 10.000 DM. Nach einer streitigen mündlichen Verhandlung schließen die Parteien einen Widerrufsvergleich, der weitere nicht rechtshängige Ansprüche von 5.000 DM mit umfasst. Der Vergleich wird widerrufen. Daraufhin ergeht nach einer Beweisaufnahme mit Weiterverhandlung ein Urteil.

Hier kann neben der 10/10 Prozessgebühr nach §§ 11, 31 I 1 BRAGO und der 10/10 Verhandlungsgebühr nach §§ 11, 31 I 2 BRAGO noch eine 5/10 Differenzprozessgebühr gemäß §§ 11, 32 II BRAGO in Rechnung gestellt werden, nicht aber eine Vergleichsgebühr!

Sowohl in Fall 12 als auch in Fall 13 erhält der Rechtsanwalt zwei Prozessgebühren über verschiedene Teilbeträge:

In Fall 12 die 10/10 Prozessgebühr nach § 31 I 1 BRAGO über 10.000,00 DM und die 5/10 Differenzprozessgebühr nach § 32 II BRAGO über 20.000,00 DM.

In Fall 13 die 10/10 Prozessgebühr nach § 31 I 1 BRAGO ebenfalls über 10.000,00 DM und die 5/10 Differenzprozessgebühr nach § 32 II BRAGO über 5.000,00 DM.

> Daraus folgt: Auch bei den Prozessgebühren muss noch die bereits besprochene Regelung des § 13 III BRAGO beachtet werden! Die Prozessgebühr des § 31 I 1 und die Differenzprozessgebühr nach § 32 II dürfen zusammen nicht mehr betragen als eine Gebühr von dem zusammengerechneten Gegenstandswert mit dem höchsten Gebührensatz der beiden Gebühren.

Das bedeutet in Fall 12, dass die beiden Prozessgebühren zusammen nicht mehr betragen dürfen als eine 10/10 Gebühr von einem Gegenstandswert von 30.000,00 DM.

ÜBUNG 2:

Ergänzen Sie die Lücken:

In Fall 13 darf die 10/10 Prozessgebühr über _____ DM und die

___/10 Differenzprozessgebühr über _____ DM nicht mehr betragen

als eine ____/10 Gebühr von _____ DM

Die Lösung finden Sie in dem Kapitel Lösungen zu den Fällen ab Seite 81.

Schaffen Sie jetzt die Lösungen zu beiden Fällen? Gegebenenfalls schauen Sie bei Fall 12 zur Vergewisserung ruhig einmal auf Seite 81 nach.

Ihre Lösung zu Fall 12:

Summe:

Schaffen Sie den nächsten Fall 13, ohne dass Sie vorher in die Lösung schauen müssen?

Ihre Lösung zu Fall 13:

....

....

....

....

....

....

....

....

....

....

Summe:
....

Zur Festigung einweiterer Fall:

Fall 14 (Der Widerrufsvergleich 2)

Klage über 36.000,00 DM. Nach einer streitigen mündlichen Verhandlung schließen die Parteien einen Widerrufsvergleich, der weitere nicht rechtshängige Ansprüche von 6.000,00 DM mit umfasst. Der Vergleich wird widerrufen. Daraufhin ergeht nach einer weiteren mündlichen Verhandlung ein Urteil.

Vorsicht, man kann auch in leichten Dingen Flüchtigkeitsfehler machen!

Ihre Lösung zu Fall 14:

....

....

....

....

....

....

....

....

Summe: ....

Die Musterlösung finden Sie auf Seite 83.

5.3 Rechtsmittelinstanzen

Wir haben bereits besprochen, wie sich die Gebühren in den Rechtsmittelinstanzen erhöhen (s. o. S. 37 ff.). Streitig ist aber, wie die Fälle zu lösen sind, in denen in der Berufungs- oder Revisionsinstanz ein Vergleich geschlossen wird, der auch außergerichtliche Ansprüche mit erledigt.

Fall 15 (Der außergerichtliche Vergleich in der Berufung)

> Rechtsanwalt Rasche geht für Mertens in die Berufung wegen 65.000,00 DM gegen ein von Rechtsanwalt Schmitz für Bertram erstrittenes Urteil. Nach einer streitigen mündlichen Verhandlung schließen die Parteien einen Vergleich, der auch eine nicht rechtshängige Forderung in Höhe von 15.000,00 DM mit umfasst und in dem sich Bertram zur Zahlung von 70.000,00 DM für alle gerichtlichen und außergerichtlichen Ansprüche verpflichtet.

Eigentlich müssten alle Gebühren klar sein bis auf die Vergleichsgebühr über den nicht rechtshängigen Gegenstandswert: Entsteht sie, wie bisher besprochen, in Höhe von 15/10 oder erhöht sich dieser Gebührensatz, weil wir ja in der 2. Instanz sind, um 3/10 auf eine 195/100? Dazu ist anzumerken, dass die

15/10 Gebühr für den außergerichtlichen Vergleich ja bereits eine erhöhte Gebühr ist und zwar gerade aus dem Grunde, weil die gütliche Einigung eine Forderung umfasst, die eben noch *nicht* rechtshängig ist. Dann kann man auch nicht logischerweise eine weitere Erhöhung um 3/10 mit der Begründung vertreten, der Betrag befinde sich in der Rechtsmittelinstanz. So geht die überwiegende Meinung, wie bisher besprochen, auch in den Rechtsmittelinstanzen von einer 15/10 Vergleichsgebühr aus. Sicherheitshalber sollten Sie sich erkundigen, welche Meinung Ihr Gericht bzw. Ihr Prüfer zu diesem Problem vertritt. Im Zweifel gilt natürlich die herrschende Meinung, der wir in diesem Skript natürlich folgen.

Trauen Sie sich bereits die **Lösung zu Fall 15** zu?

....

....

....

....

....

....

....

....

....

....

....

Summe: ....

Die Lösung finden Sie Seite 83.

Es fehlt natürlich noch eine Variante:

Fall 16 (Der außergerichtliche Vergleich in der Revision)

Rechtsanwalt Rasche geht für Mertens in die Revision wegen 120.000,00 DM gegen ein von Rechtsanwalt Schmitz für Bertram erstrittenes Urteil. Nach einer Erörterung und einer streitigen mündlichen Verhandlung schließen die Parteien einen Vergleich, in dem auch nicht rechtshängige Forderungen in Höhe von 40.000,00 DM enthalten sind und der Bertram zur Zahlung von 140.000,00 DM verpflichtet.

Ein Problem entsteht bei der Lösung dieses Falles auch hinsichtlich der Prozessgebühren. Die volle Prozessgebühr wird ja, wie bereits besprochen, in der Revisionsinstanz gemäß § 11 I Satz 5 doppelt, also in Höhe von 20/10 berechnet. Wie hoch ist aber die Differenzprozessgebühr anzusetzen? Da sie die Hälfte einer Prozessgebühr beträgt, gilt für sie in der Revisionsinstanz also der Gebührensatz von 10/10!

Für die Vergleichsgebühr gilt nichts, was wir nicht bereits besprochen hätten, der Gebührensatz beträgt für den rechtshängigen Teil 13/10 – und für den nicht rechtshängigen?

Ihre Lösung zu Fall 16:

....

....

....

....

....

....

....

....

....

....

....

Summe: ....

Die Lösung finden Sie auf Seite 84.

5.4   Zusammenfassung

Fassen wir zusammen: Was war neu?

1. Werden in einem gerichtlichen Vergleich sowohl rechtshängige als auch nicht rechtshängige Forderungen vergleichen, so entsteht über den ***rechtshängigen*** Teil eine 10/10 Vergleichsgebühr gemäß § 23 I 3 BRAGO und über den ***nicht rechtshängigen*** Teil eine *15/10* Vergleichsgebühr nach § 23 I 1 BRAGO.

2. In einem solchen Fall dürfen die Vergleichsgebühren gemäß *§ 13 III* BRAGO zusammen nicht mehr betragen als eine einheitliche 15/10 Gebühr von dem zusammengerechneten Gegenstandswert.

3. Weiterhin entsteht bei einem solchen Vergleich über den nicht rechtshängigen Teil eine *halbe Prozessgebühr* gemäß *§ 32 II* BRAGO.

4. Diese Gebühr wird auch *Protokollierungsgebühr, erhöhte Prozessgebühr* oder *Differenzprozessgebühr* genannt.

5. Die Differenzprozessgebühr entsteht nicht erst, wenn die Parteien vor Gericht einen wirksamen Vergleich protokolliert haben, sondern bereits mit dem *Antrag auf Protokollierung* des Vergleichs.

6. Auch hier ist die *Regelung über Wertteile des § 13 III* zu beachten: Die Prozessgebühr gemäß § 31 I 1 und die Differenzprozessgebühr nach § 32 II dürfen zusammen nicht höher sein als eine einheitliche Gebühr von dem zusammengerechneten Gegenstandswert mit dem höchsten Gebührensatz der beiden Gebühren.

7. In der *Berufungsinstanz* beträgt der Gebührensatz für die Prozessgebühr 13/10 und demgemäß für die Differenzprozessgebühr 13/20.

8. In der *Revisionsinstanz* beträgt der Gebührensatz für die Prozessgebühr 20/10 und für die Differenzprozessgebühr 10/10.

5.5 Lösungen zu den Fällen

Der vollständige Satz zur **Übung 1 im Kapitel 5.1** lautet:

Wenn der Rechtsanwalt Klage über 2.000 DM einreicht und im Termin weitere nicht rechtshängige Ansprüche von 1.000 DM durch Vergleich mit erledigt, so erhält er über die rechtshängigen 2.000,00 DM eine 10/10 und über die nicht rechtshängige Forderung von 1.000,00 DM eine 15/10 Vergleichsgebühr.

Der vollständige Satz zur **Übung 2 im Kapitel 5.2** lautet:

In Fall 13 darf die 10/10 Prozessgebühr über 10.000,00 DM und die 5/10 Differenzprozessgebühr über 5.000,00 DM nicht mehr betragen als eine 10/10 Gebühr von 15.000,00 DM.

Lösung zu Fall 12

10/10 Prozessgebühr, §§ 11, 31 I 1 BRAGO	595,00 DM	
Gegenstandswert: 10.000,00 DM		
5/10 Differenzprozessgebühr, §§ 11, 32 II BRAGO	472,50 DM	
Gegenstandswert: 20.000,00 DM	1.067,50 DM	
Gebühr gemäß § 13 III BRAGO		1.067,50 DM
10/10 Vergleichsgebühr, §§ 11, 23 I 3 BRAGO	595,00 DM	
Gegenstandswert: 10.000,00 DM		
15/10 Vergleichsgebühr, §§ 11, 23 I 1 BRAGO	1.417,50 DM	
Gegenstandswert: 20.000,00 DM	2.012,50 DM	
Gebühr gemäß § 13 III BRAGO		1.657,50 DM
Postentgelte, §§ 11, 26 BRAGO		40,00 DM
16 % Umsatzsteuer, § 25 II BRAGO		442,40 DM
Summe:		3.207,40 DM

Hier sind nur die Wertteile der Vergleichsgebühren gemäß § 13 III zu kürzen.

Lösung zu Fall 13

10/10 Prozessgebühr, §§ 11, 31 I 1 BRAGO	595,00 DM	
Gegenstandswert: 10.000,00 DM		
5/10 Differenzprozessgebühr, §§ 11, 32 II BRAGO	160,00 DM	
Gegenstandswert: 5.000,00 DM	755,00 DM	
Gebühr gemäß § 13 III BRAGO		755,00 DM
10/10 Verhandlungsgebühr, §§ 11, 31 I 2 BRAGO		595,00 DM
Gegenstandswert: 10.000,00 DM		
10/10 Beweisgebühr, §§ 11, 31 I 3 BRAGO		595,00 DM
Gegenstandswert: 10.000,00 DM		
Postentgelte, §§ 11, 26 BRAGO		40,00 DM
16 % Umsatzsteuer, § 25 II BRAGO		317,60 DM
Summe:		2.302,60 DM

Wie besprochen, darf die Vergleichsgebühr nur berechnet werden, wenn der Vergleich auch wirksam und existent ist, d. h. in diesem Falle nicht widerrufen wird. Das ist aber geschehen, also entfällt sowohl die 10/10 als auch die 15/10 Vergleichsgebühr.

Geringe Anforderungen werden aber an die halbe Prozessgebühr nach § 32 II BRAGO gestellt. Hier entsteht die Differenzprozessgebühr bereits dann, wenn im Termin ein Antrag auf Protokollierung eines Vergleichs gestellt wurde. Also entsteht für den außergerichtlichen Teil des Widerrufs auch eine halbe Prozessgebühr. Eine Kürzung nach § 13 III ist in diesem Fall nicht notwendig.

Lösung zu Fall 14

10/10 Prozessgebühr, §§ 11, 31 I 1 BRAGO	1.265,00 DM

Gegenstandswert: 36.000,00 DM

5/10 Differenzprozessgebühr, §§ 11, 32 II BRAGO	187,50 DM

Gegenstandswert: 6.000,00 DM	1.452,50 DM
Gebühr gemäß § 13 III BRAGO	1.345,00 DM
10/10 Verhandlungsgebühr, §§ 11, 31 I 2 BRAGO	1.265,00 DM

Gegenstandswert: 36.000,00 DM

Postentgelte, §§ 11, 26 BRAGO	40,00 DM
16 % Umsatzsteuer, § 25 II BRAGO	424,00 DM
Summe:	3.074,00 DM

In diesem Fall müssen die beiden Prozessgebühren gemäß § 13 III BRAGO gekürzt werden. Die 10/10 Prozessgebühr über 36.000,00 DM nach § 31 I 1 BRAGO und die 5/10 Differenzprozessgebühr über 6.000,00 DM nach 32 II BRAGO dürfen zusammen nicht mehr betragen als eine 10/10 Gebühr von 42.000,00 DM

Lösung zu Fall 15

13/10 Prozessgebühr, §§ 11, 31 I 1 BRAGO	2.216,50 DM

Gegenstandswert: 65.000,00 DM

13/20 Differenzprozessgebühr, §§ 11, 32 II BRAGO	523,30 DM

Gegenstandswert: 15.000,00 DM	2.739,80 DM
Gebühr gemäß § 13 III BRAGO	2.398,50 DM
13/10 Verhandlungsgeb., §§ 11, 31 I 2 BRAGO	1.705,00 DM

Gegenstandswert: 65.000,00 DM

13/10 Vergleichsgebühr, §§ 11, 23 I 3 BRAGO	2.216,50 DM	
Gegenstandswert: 65.000,00 DM		
15/10 Vergleichsgebühr, §§ 11, 23 I 1 BRAGO	1.207,50 DM	
Gegenstandswert: 15.000,00 DM	3.424,00 DM	
Gebühr gemäß § 13 III BRAGO		2.767,50 DM
Postentgelte, §§ 11, 26 BRAGO		40,00 DM
16 % Umsatzsteuer, § 25 II BRAGO		1.105,76 DM
Summe:		8.016,76 DM

Lösung zu Fall 16

20/10 Prozessgebühr, §§ 11, 31 I 1 BRAGO	4.570,00 DM	
Gegenstandswert: 120.000,00 DM		
10/10 Differenzprozessgebühr, §§ 11, 32 II BRAGO	1.265,00 DM	
Gegenstandswert: 40.000,00 DM	5.835,00 DM	
Gebühr gemäß § 13 III BRAGO		4.890,00 DM
13/10 Verhandlungsgeb., §§ 11, 31 I 2 BRAGO		2.285,00 DM
Gegenstandswert: 120.000,00 DM		
13/10 Vergleichsgebühr, §§ 11, 23 I 3 BRAGO	2.970,50 DM	
Gegenstandswert: 120.000,00 DM		
15/10 Vergleichsgebühr, §§ 11, 23 I 1 BRAGO	1.897,50 DM	
Gegenstandswert: 40.000,00 DM	4.868,00 DM	
Gebühr gemäß § 13 III BRAGO		3.667,50 DM
Postentgelte, §§ 11, 26 BRAGO		40,00 DM
16 % Umsatzsteuer, § 25 II BRAGO		1.741,20 DM
Summe:		12.623,70 DM

5.6   Trainingsteil

Die Lösungen finden Sie ab Seite 90.

Aufgabe 13

Rechtsanwalt Rasche geht für Mertens in die Berufung wegen 22.800,00 DM. Nach einer streitigen mündlichen Verhandlung schließen die Parteien einen Vergleich, in der auch eine nicht rechtshängige Forderung von 15.500,00 DM mit enthalten ist und in dem sich Bertram zur Zahlung von 26.810,00 DM für alle gerichtlichen und außergerichtlichen Ansprüche verpflichtet.

....

....

....

....

....

....

....

....

....

....

....

Summe: ....

Aufgabe 14

RA R erhält von M Klageauftrag gegen B über 180.000,00 DM. RA R reicht aber lediglich über eine Teilforderung von 30.000,00 DM Klage ein.

Nach Zustellung der Klage an Bertram bestellt sich für diesen Rechtsanwalt Schmitz als Prozessbevollmächtigter. Im Termin schließen die Parteien sogleich nach Aufruf der Sache einen Vergleich, in dem sich Bertram zur Abgeltung der rechtshängigen Forderung und der außergerichtlichen Forderung von 150.000,00 DM an Mertens 144.000,00 DM in Raten zahlt und die Kosten übernimmt.

....

....

....

....

....

....

....

....

....

Summe:
....

Aufgabe 15

Klage über 72.800,00 DM. Nach einer streitigen mündlichen Verhandlung schließen die Parteien einen Widerrufsvergleich, der weitere nicht rechtshängige Ansprüche von 12.100,00 DM mit umfasst. Der Vergleich wird widerrufen. Daraufhin ergeht nach einer weiteren mündlichen Verhandlung ein Urteil.

....

....

....

....

....

....

....

....

Summe:
....

Aufgabe 16

Rechtsanwalt R erhebt für M Klage gegen B auf Zahlung von 25.800,00 DM. Nach einer streitigen mündlichen Verhandlung schließen die Parteien einen Widerrufsvergleich, der weitere nicht rechtshängige Ansprüche von 5.800,00 DM mit umfasst. Der Vergleich wird widerrufen. Daraufhin ergeht nach einer Beweisaufnahme mit Weiterverhandlung ein Urteil.

....

....

....

....

....

....

....

....

Summe:
....

5.7 Testen Sie sich selbst: Test- und Prüfungsfragen

1. Welche Vergleichsgebühren sind zu berechnen, wenn in einem Rechtsstreit erster Instanz rechtshängige und nicht rechtshängige Ansprüche verglichen werden? Nennen Sie den jeweiligen Gebührensatz und die Rechtsgrundlage.

Es entsteht über den rechtshängigen Teil eine 10/10 Vergleichsgebühr gemäß § 23 I 3 BRAGO und über den nicht rechtshängigen Teil eine 15/10 Vergleichsgebühr nach § 23 I 1 BRAGO.

2. Was ist in diesem Fall noch zu beachten?

Die 15/10 Vergleichsgebühr und die 10/10 Vergleichsgebühr dürfen zusammen nicht mehr betragen als eine einheitliche 15/10 Gebühr von dem zusammengerechneten Gegenstandswert.

3. Aus welcher Vorschrift entnehmen Sie diese Regel?

aus § 13 III BRAGO

4. Wenden Sie diese Regel auf folgendes Beispiel an: Im Termin wird ein Vergleich über 20.000 DM rechtshängige und 30.000 DM nicht rechtshängige Ansprüche geschlossen.

In diesem Fall müssen wir eine 10/10 Vergleichsgebühr von 20.000,00 DM und eine 15/10 Vergleichsgebühr von 30.000,00 DM berechnen und dann berücksichtigen, dass beide Vergleichsgebühren zusammen nicht mehr betragen dürfen als eine einheitliche 15/10 Gebühr von 50.000,00 DM.

5. Welche Gebühr entsteht noch, wenn ein gerichtlicher Vergleich über nicht rechtshängige Forderungen geschlossen wird? Welche Rechtsgrundlage kennen Sie für diese Gebühr?

Es entsteht über den nicht rechtshängigen Teil eine halbe Prozessgebühr gemäß § 32 II BRAGO.

6. Wie wird diese Gebühr noch genannt?

Die halbe Prozessgebühr wird auch Protokollierungsgebühr, erhöhte Prozessgebühr und Differenzprozessgebühr genannt.

7. Wann entsteht diese Gebühr genau?

Die Gebühr entsteht schon mit dem Antrag auf Protokollierung des Vergleichs.

8. Zur Klarstellung: In einem gerichtlichen Widerrufsvergleich erster Instanz werden rechtshängige und nicht rechtshängige Ansprüche verglichen. Danach wird der Vergleich wirksam widerrufen. – Welche Vergleichsgebühren und welche Prozessgebühren werden berechnet? Geben Sie auch den Gebührensatz und die Rechtsgrundlage an!

Es kann eine 10/10 Prozessgebühr nach §§ 11, 31 I 1 BRAGO und eine 5/10 Differenzprozessgebühr gemäß §§ 11, 32 II BRAGO in Rechnung gestellt werden, nicht aber eine Vergleichsgebühr.

9. Wie hoch ist die Differenzprozessgebühr
   a) in der ersten
   b) in der zweiten und
   c) in der dritten Instanz?

   a) 5/10
   b) 13/20 und
   c) 10/10

10. Welche Vorschrift ist noch zu prüfen, wenn die Prozessgebühr und die Differenzprozessgebühr berechnet werden?

Auch hier ist der § 13 III BRAGO heranzuziehen.

11. Welche Überlegungen stellen Sie an?

Die Prozessgebühr des § 31 I 1 und die Differenzprozessgebühr nach § 32 II dürfen gemäß § 13 III zusammen nicht mehr betragen als eine Gebühr von dem zusammengerechneten Gegenstandswert mit dem höchsten Gebührensatz der beiden Gebühren.

12. Welchen Gebührensatz hat die Vergleichsgebühr über eine nicht rechtshängige Forderung, wenn dieser außergerichtliche Anspruch durch einen Prozessvergleich erledigt wird
   a) in der ersten, b) in der zweiten und c) in der dritten Instanz?

Der Gebührensatz beträgt jeweils 15/10.

5.8   Lösungen zum Trainingsteil

Lösung zu Aufgabe 13

13/10 Prozessgebühr, §§ 11, 31 I 1 BRAGO	1.332,50 DM	
Gegenstandswert: 22.800,00 DM		
13/20 Differenzprozessgebühr, §§ 11, 32 II BRAGO	523,30 DM	
Gegenstandswert: 15.500,00 DM	1.855,80 DM	
Gebühr gemäß § 13 III BRAGO		1.644,50 DM
13/10 Verhandlungsgeb., §§ 11, 31 I 2 BRAGO		1.025,00 DM
Gegenstandswert: 22.800,00 DM		
13/10 Vergleichsgebühr, §§ 11, 23 I 3 BRAGO	1.332,50 DM	
Gegenstandswert: 22.800,00 DM		
15/10 Vergleichsgebühr, §§ 11, 23 I 1 BRAGO	1.207,50 DM	
Gegenstandswert: 15.500,00 DM	2.540,00 DM	
Gebühr gemäß § 13 III BRAGO		1.897,50 DM
Postentgelte, §§ 11, 26 BRAGO		40,00 DM
16 % Umsatzsteuer, § 25 II BRAGO		737,12 DM
Summe:		5.344,12 DM

Lösung zu Aufgabe 14

10/10 Prozessgebühr, §§ 11, 31 I 1 BRAGO	1.105,00 DM	
Gegenstandswert: 30.000,00 DM		
5/10 DifferenzprozessG, §§ 11, 32 II BRAGO	1.222,50 DM	
Gegenstandswert: 150.000,00 DM	2.327,50 DM	
Gebühr gemäß § 13 III BRAGO		2.327,50 DM
10/10 Vergleichsgebühr, §§ 11, 23 I 3 BRAGO	1.105,00 DM	
Gegenstandswert: 30.000,00 DM		
15/10 Vergleichsgebühr, §§ 11, 23 I 1 BRAGO	3.667,50 DM	
Gegenstandswert: 150.000,00 DM	4.772,50 DM	
Gebühr gemäß § 13 III BRAGO		3.907,50 DM
Postentgelte, §§ 11, 26 BRAGO		40,00 DM
16 % Umsatzsteuer, § 25 II BRAGO		1.004,00 DM
Summe:		7.279,00 DM

Lösung zu Aufgabe 15

10/10 Prozessgebühr, §§ 11, 31 I 1 BRAGO	1.845,00 DM	
Gegenstandswert: 72.800,00 DM		
5/10 Differenzprozessgeb., §§ 11, 32 II BRAGO	367,50 DM	
Gegenstandswert: 12.100,00 DM	2.212,50 DM	
Gebühr gemäß § 13 III BRAGO		1.985,00 DM
10/10 Verhandlungsgeb., §§ 11, 31 I 2 BRAGO		1.845,00 DM
Gegenstandswert: 72.800,00 DM		
Postentgelte, §§ 11, 26 BRAGO		40,00 DM
16 % Umsatzsteuer, § 25 II BRAGO		619,20 DM
Summe:		4.489,20 DM

Noch einmal: In diesem Fall müssen die beiden Prozessgebühren gemäß § 13 III BRAGO gekürzt werden. Die 10/10 Prozessgebühr über 36.000,00 DM nach § 31 I 1 BRAGO und die 5/10 Differenzprozessgebühr über 12.100,00 DM nach 32 II BRAGO dürfen zusammen nicht mehr betragen als eine 10/10 Gebühr von 84.900,00 DM.

Lösung zu Aufgabe 16

10/10 Prozessgebühr, §§ 11, 31 I 1 BRAGO	1.105,00 DM	
Gegenstandswert: 25.800,00 DM		
5/10 Differenzprozessgeb., §§ 11, 32 II BRAGO	187,50 DM	
Gegenstandswert: 5.800,00 DM	1.292,50 DM	
Gebühr gemäß § 13 III BRAGO		1.185,00 DM
10/10 Verhandlungsgeb., §§ 11, 31 I 2 BRAGO		1.105,00 DM
Gegenstandswert: 25.800,00 DM		
10/10 Beweisgebühr, §§ 11, 31 I 3 BRAGO		1.105,00 DM
Gegenstandswert: 25.800,00 DM		
Postentgelte, §§ 11, 26 BRAGO		40,00 DM
16 % Umsatzsteuer, § 25 II BRAGO		549,60 DM
Summe:		3.984,60 DM

6 Von leicht bis Prüfungsniveau: Fälle, Fälle, Fälle

Sie haben jetzt sehr viel zur Vergleichsgebühr gelernt. Aber beherrschen Sie das Thema auch? An den nachfolgenden Fällen können Sie es beweisen. Allerdings sind hier – neben etlichen leichten – auch ziemlich schwierige Fälle wiedergegeben. Diese stammen aus Abschlussprüfungen und haben oft auch weitere Schwierigkeiten, die nicht Gegenstand dieses Kursbandes waren, sondern die in den anderen Bänden behandelt werden.

6.1 Eine Herausforderung für Sie: Die Fälle

Die Lösungen finden Sie ab Seite 101.

Fangen wir langsam an:

Fall 17 (Zwei Verhandlungen und ein Vergleich)

Rechtsanwalt Rasche erhebt für M Klage gegen B auf Zahlung von 6.900,00 DM. Nach zwei streitigen mündlichen Verhandlungen schließen die Parteien einen Vergleich, in dem der Beklagte 5.520,00 DM zahlt und die Kosten des Rechtsstreits übernimmt. - Erstellen Sie die Kostenrechnung für Rechtsanwalt Rasche.

Ihre Lösung:

....

....

....

....

....

....

Summe:
....

Fall 18 (Ein einfacher Vergleich in der Berufungsinstanz)

Berufung über 35.000,00 DM. Nach einer streitigen mündlichen Verhandlung und einer Beweisaufnahme mit Weiterverhandlung schließen die Parteien einen Vergleich, in dem sich der Beklagte (Berufungsbeklagte) verpflichtet, zum Ausgleich der Forderung an den Kläger (Berufungskläger)
28.000,00 DM zu zahlen. – Kostenrechnung?

Ihre Lösung:

....

....

....

....

....

....

Summe:
....

Fall 19 (Ein Widerrufsvergleich)

Berufung über 66.000,00 DM durch RA R, im Termin schließen die Parteien gleich nach Aufruf der Sache einen Teilvergleich über eine Forderung von 13.200,00 DM auf Zahlung von 6.600,00 DM, im Übrigen streitige mündliche Verhandlung, Beweisaufnahme mit Weiterverhandlung, und es ergeht ein Urteil.

....

....

....

....

....

Summe:
....

Fall 20 (Der Teilvergleich)

Klage über 5.600,00 DM, im Termin schließen die Parteien nach Erörterung der Sach- und Rechtslage einen Widerrufsvergleich, in dem sich der Beklagte zur Zahlung von 4.480,00 DM verpflichtet. Der Vergleich wird widerrufen. Nach einer smV. und einer BA ergeht ein Urteil.

....

....

....

....

....

....

....

....

....

Es wird etwas schwieriger:

Fall 21 (Ermäßigung und Vergleich)

Rechtsanwalt R erhebt für M Klage gegen B auf Zahlung von 125.000,00 DM. Nach Zustellung der Klage zahlt der Beklagte auf den geltend gemachten Anspruch 25.000,00 DM und insoweit wird der Rechtsstreit für erledigt erklärt. Über den Rest verhandeln die Parteien streitig. Nach einer Beweisaufnahme mit Weiterverhandlung schließen die Parteien einen Vergleich unter Einbeziehung einer nicht rechtshängigen Forderung von 31.250,00 DM, in dem sich der Beklagte wegen aller rechtshängigen und nicht rechtshängigen Ansprüche zur Zahlung von 109.400,00 DM verpflichtet.

Fall 22 (Ermäßigung, Erhöhung und Vergleich)

Klage über 66.000,00 DM. Nach Zustellung der Klage zahlt der Beklagte auf den geltend gemachten Anspruch 5.500,00 DM und insoweit wird der Rechtsstreit für erledigt erklärt. Über den Rest ergeht eine streitige mündliche Verhandlung. Erhöhung der Klageforderung um 8.300,00 DM, streitige mündliche Verhandlung. Nach einer Beweisaufnahme mit Weiterverhandlung schließen die Parteien einen Vergleich unter Einbeziehung einer nicht rechtshängigen Forderung von 4.400,00 DM auf Zahlung von 44.000,00 DM.

....

....

....

....

....

....

....

....

....

....

....

....

....

....

Fall 23 (Der Teilvergleich einschließlich nicht rechtshängige Ansprüche)

Rechtsanwalt R erhebt für M Klage gegen B auf Zahlung von 45.000,00 DM. Nach einer streitigen mündlichen Verhandlung Erhöhung der Klage um 7.500,00 DM, wieder folgt eine streitige mündliche Verhandlung. Im neuen Termin schließen die Parteien einen Teilvergleich über

- rechtshängige 11.250,00 DM unter Einbeziehung einer

- nicht rechtshängigen Forderung von 9.000,00 DM auf Zahlung von 30.375,00 DM.

Im Übrigen verhandeln die Parteien in der mündlichen Verhandlung streitig und nach einer Beweisaufnahme mit Weiterverhandlung ergeht ein Urteil.

Fall 24

Rechtsanwalt Rasche legt für M Berufung ein über 26.800,00 DM gegen B. Im Termin zur mündlichen Verhandlung erkennt B einen Teilbetrag in Höhe von 4.800,00 DM an. Insoweit ergeht auf Antrag von Rechtsanwalt Rasche ein Teilanerkenntnisurteil. Über den Rest verhandeln die Parteien streitig. In einem zweiten Termin schließen die Parteien nach Erörterung der Sach- und Rechtslage einen Vergleich, in dem sich B zur Zahlung von 13.600,00 DM verpflichtet.

....

....

....

....

....

....

....

....

....

....

Fall 25

Rechtsanwalt Rasche erhebt für M Klage gegen B über 26.000,00 DM. Nach Zustellung der Klage erhöht der Kläger die geltend gemachte Forderung um 5.200,00 DM. Im Termin wird der Rechtsstreit vertagt.

In einem weiteren Termin schließen die Parteien über eine rechtshängige Teilforderung von 3.250,00 DM und eine nicht rechtshängige von 8.450,00 DM einen Vergleich, in dem sich der Beklagte verpflichtet, zum Ausgleich dieser Forderungen an den Kläger 9.360,00 DM zu zahlen. Im Übrigen verhandeln die Parteien streitig. Nach einer Beweisaufnahme mit Weiterverhandlung ergeht ein Urteil.

***

Wenn Sie diese letzte Aufgabe ohne Fehler geschafft haben, kann man Ihnen nur gratulieren! Die Lösung finden Sie sogleich im folgenden Kapitel.

6.2 Lösungen zu den Fällen

Lösung zu Fall 17

Gegenstandswert: 6.900,00 DM

10/10 Prozessgebühr, §§ 11, 31 I 1 BRAGO	430,00 DM
10/10 Verhandlungsgebühr, §§ 11, 31 I 2 BRAGO	430,00 DM
10/10 Vergleichsgebühr, §§ 11, 23 I 3 BRAGO	430,00 DM
Postentgelte, §§ 11, 26 BRAGO	40,00 DM
16 % Umsatzsteuer, § 25 II BRAGO	212,80 DM
Summe:	1.542,80 DM

Lösung zu Fall 18

Gegenstandswert: 35.000,00 DM

13/10 Prozessgebühr, §§ 11, 31 I 1 BRAGO	1.540,50 DM
13/10 Verhandlungsgebühr, §§ 11, 31 I 2 BRAGO	1.540,50 DM
13/10 Beweisgebühr, §§ 11, 31 I 3 BRAGO	1.540,50 DM
13/10 Vergleichsgebühr, §§ 11, 23 I 3 BRAGO	1.540,50 DM
Postentgelte, §§ 11, 26 BRAGO	40,00 DM
16 % Umsatzsteuer, § 25 II BRAGO	992,32 DM
Summe:	7.194,32 DM

Lösung zu Fall 19

Gegenstandswert: 5.600,00 DM

10/10 Prozessgebühr, §§ 11, 31 I 1 BRAGO	375,00 DM
10/10 Verhandlungsgebühr, §§ 11, 31 I 2 BRAGO	375,00 DM
10/10 Beweisgebühr, §§ 11, 31 I 3 BRAGO	375,00 DM
Postentgelte, §§ 11, 26 BRAGO	40,00 DM
16 % Umsatzsteuer, § 25 II BRAGO	186,40 DM
Summe:	1.351,40 DM

Lösung zu Fall 20

13/10 Prozessgebühr, §§ 11, 31 I 1 BRAGO	2.216,50 DM
Gegenstandswert: 66.000,00 DM	
13/10 Verhandlungsgebühr, §§ 11, 31 I 2 BRAGO	2.034,50 DM
Gegenstandswert: 52.800,00 DM	
13/10 Beweisgebühr, §§ 11, 31 I 3 BRAGO	2.034,50 DM
Gegenstandswert: 52.800,00 DM	
13/10 Vergleichsgebühr, §§ 11, 23 I 3 BRAGO	955,50 DM
Gegenstandswert: 13.200,00 DM	
Postentgelte, §§ 11, 26 BRAGO	40,00 DM
16 % Umsatzsteuer, § 25 II BRAGO	1.164,96 DM
Summe:	8.445,96 DM

Lösung zu Fall 21

10/10 Prozessgebühr, §§ 11, 31 I 1 BRAGO	2.285,00 DM	
Gegenstandswert: 125.000,00 DM		
5/10 DifferenzprozessG, §§ 11, 32 II BRAGO	592,50 DM	
Gegenstandswert: 31.250,00 DM	2.877,50 DM	
Gebühr gemäß § 13 III BRAGO		2.445,00 DM
10/10 Verhandlungsgebühr, §§ 11, 31 I 2 BRAGO		2.125,00 DM
Gegenstandswert: 100.000,00 DM		
10/10 Beweisgebühr, §§ 11, 31 I 3 BRAGO		2.125,00 DM
Gegenstandswert: 100.000,00 DM		

10/10 Vergleichsgebühr, §§ 11, 23 I 3 BRAGO	2.125,00 DM	
Gegenstandswert: 100.000,00 DM		
15/10 Vergleichsgebühr, §§ 11, 23 I 1 BRAGO	1.777,50 DM	
Gegenstandswert: 31.250,00 DM	3.902,50 DM	
Gebühr gemäß § 13 III BRAGO		3.667,50 DM
Postentgelte, §§ 11, 26 BRAGO		40,00 DM
16 % Umsatzsteuer, § 25 II BRAGO		1.664,40 DM
Summe:		12.066,90 DM

Für die Erledigungserklärung gibt es keine Gebühr.

Lösung zu Fall 22

10/10 Prozessgebühr, §§ 11, 31 I 1 BRAGO	1.845,00 DM	
Gegenstandswert: 74.300,00 DM		
5/10 DifferenzprozessG., §§ 11, 32 II BRAGO	160,00 DM	
Gegenstandswert: 4.400,00 DM	2.005,00 DM	
Gebühr gemäß § 13 III BRAGO		1.845,00 DM
10/10 Verhandlungsgeb., §§ 11, 31 I 2 BRAGO		1.705,00 DM
Gegenstandswert: 68.800,00 DM		
10/10 Beweisgebühr, §§ 11, 31 I 3 BRAGO		1.705,00 DM
Gegenstandswert: 68.800,00 DM		
10/10 Vergleichsgebühr, §§ 11, 23 I 3 BRAGO	1.705,00 DM	
Gegenstandswert: 68.800,00 DM		
15/10 Vergleichsgebühr, §§ 11, 23 I 1 BRAGO	480,00 DM	
Gegenstandswert: 4.400,00 DM	2.185,00 DM	
Gebühr gemäß § 13 III BRAGO		2.185,00 DM
Postentgelte, §§ 11, 26 BRAGO		40,00 DM
16 % Umsatzsteuer, § 25 II BRAGO		1.196,80 DM
Summe:		8.676,80 DM

Die Erhöhung nach der Erledigungserklärung führt oft zu Irritationen bei der Berechnung des Gegenstandswertes der Prozessgebühr.

Lösung zu Fall 23

10/10 Prozessgebühr, §§ 11, 31 I 1 BRAGO	1.565,00 DM	
Gegenstandswert: 52.500,00 DM		
5/10 Differenzprozessgeb., §§ 11, 32 II BRAGO	270,00 DM	
Gegenstandswert: 9.000,00 DM	1.835,00 DM	
Gebühr gemäß § 13 III BRAGO		1.565,00 DM
10/10 Verhandlungsgebühr, §§ 11, 31 I 2 BRAGO		1.565,00 DM
Gegenstandswert: 52.500,00 DM		
10/10 Beweisgebühr, §§ 11, 31 I 3 BRAGO		1.345,00 DM
Gegenstandswert: 41.250,00 DM		
10/10 Vergleichsgebühr, §§ 11, 23 I 3 BRAGO	665,00 DM	
Gegenstandswert: 11.250,00 DM		
15/10 Vergleichsgebühr, §§ 11, 23 I 1 BRAGO	810,00 DM	
Gegenstandswert: 9.000,00 DM	1.475,00 DM	
Gebühr gemäß § 13 III BRAGO		1.475,00 DM
Postentgelte, §§ 11, 26 BRAGO		40,00 DM
16 % Umsatzsteuer, § 25 II BRAGO		958,40 DM
Summe:		6.948,40 DM

Lösung zu Fall 24

13/10 Prozessgebühr, §§ 11, 31 I 1 BRAGO		1.436,50 DM
Gegenstandswert: 26.800,00 DM		
13/10 Verhandlungsgeb., §§ 11, 31 I 2 BRAGO	1.332,50 DM	
Gegenstandswert: 22.000,00 DM		
13/20 Verhandlungsgebühr, §§ 11, 33 I BRAGO	208,00 DM	
Gegenstandswert: 4.800,00 DM	1.540,50 DM	
Gebühr gemäß § 13 III BRAGO		1.436,50 DM
13/10 Vergleichsgebühr, §§ 11, 23 BRAGO		1.332,50 DM
Gegenstandswert: 22.000,00 DM		
Postentgelte, §§ 11, 26 BRAGO		40,00 DM
16 % Umsatzsteuer, § 25 II BRAGO		679,28 DM
Summe:		4.924,78 DM

Lösung zu Fall 25

10/10 Prozessgebühr, §§ 11, 31 I 1 BRAGO	1.185,00 DM	
Gegenstandswert: 31.200,00 DM		
5/10 Differenzprozessgeb., §§ 11, 32 II BRAGO	187,50 DM	
Gegenstandswert: 8.450,00 DM	1.372,50 DM	
Gebühr gemäß § 13 III BRAGO		1.265,00 DM
10/10 Verhandlungsgeb., §§ 11, 31 I 2 BRAGO	1.105,00 DM	
Gegenstandswert: 27.950,00 DM		
5/10 Vertagungsgebühr, §§ 11, 33 II BRAGO	132,50 DM	
Gegenstandswert: 3.250,00 DM	1.237,50 DM	
Gebühr gemäß § 13 III BRAGO		1.185,00 DM
10/10 Beweisgebühr, §§ 11, 31 I 3 BRAGO		1.105,00 DM
Gegenstandswert: 27.950,00 DM		
10/10 Vergleichsgebühr, §§ 11, 23 I 3 BRAGO	265,00 DM	
Gegenstandswert: 3.250,00 DM		
i5/10 Vergleichsgebühr, §§ 11, 23 I 1 BRAGO	810,00 DM	
Gegenstandswert: 8.450,00 DM	1.075,00 DM	
Gebühr gemäß § 13 III BRAGO		997,50 DM
Postentgelte, §§ 11, 26 BRAGO		40,00 DM
16 % Umsatzsteuer, § 25 II BRAGO		734,80 DM
Summe:		5.327,30 DM

Zu guter Letzt

Herzlichen Glückwunsch! Sie haben es geschafft! Wenn Sie zum Thema dieses Kursheftes weitere Informationen wünschen, dann ziehen Sie Werke der in dem Kapitel Literaturhinweise Seite 111, erwähnten Literatur (Kommentar oder Lehrbuch) hinzu.

Sie haben Verbesserungsvorschläge? Meine E-Mail-Adresse befindet sich am Schluss des Vorworts. Ich freue mich auf Ihre Zuschrift!

Ich wünsche Ihnen mit dem neu erworbenen Wissen noch einmal:

Viel Erfolg!

7 Verzeichnis der Fälle, Aufgaben und Lösungen

Die nachfolgenden Übersichten und Hinweise sollen Ihnen helfen, bei einer Wiederholung der Themen schnell die gesuchten Fälle bzw. Aufgaben mit Lösungen wiederzufinden. Hier haben Sie die Liste.

7.1 Fälle

Fall 1 (Ausgangsfall) 13
Fall 2 (Der verjährte Anspruch)..16
Fall 3 (Der aufwendige Prozess)..17
Fall 4 (Der enttäuschte Mandant) 23
Fall 5 (Der hocherfreute Mandant)..25
Fall 6 (Der umgekippte Zeuge) 31
Fall 7 (Die drei Verhandlungen) 33
Fall 8 (Der abgesagte Beweistermin).....................................39
Fall 9 (Der betrügerische Beklagte) 40
Fall 10 (Der überzeugende Rechtsanwalt) 47
Fall 11 (Der uneinsichtige Rechtsanwalt) 48
Fall 12 (Berufungsinstanz) 55
Fall 13 (Das Rechtsproblem) 57
Fall 14 (Ein Gegenstandswert für alle Instanzen) 58
Fall 15 (Zwei verschiedene Streitwerte)..................................59
Fall 16 (Instanzenzug mit drei Gegenstandswerten) 60
Fall 17 (Der Verkehrsunfall) 71
Fall 18 (Die Erhöhung der Prozessgebühr) 72
Fall 19 (Die sofortige Teilzahlung) 72
Fall 20 (Verhandlungen nach Zahlung)...................................75
Fall 21 (Die Verhandlung nach Erhöhung)...............................76
Fall 22 (Wie voriger Fall, zuzüglich Beweisaufnahme) 77
Fall 23 (Variante mit Erledigungserklärung).............................78
Fall 24 (Die Beweisaufnahme über verschiedene Ansprüche) 79
Fall 25 (Erhöhung und Ermäßigung).....................................80
Fall 26 (Verhandlung, Erledigungserklärung, Erhöhung) 81
Fall 27 (Die Berufung) 82

7.2 Lösungen der Fälle

Lösung zu Fall 1 19
Lösung zu Fall 2 19
Lösung zu Fall 3 20
Lösung zu Fall 4 30
Lösung zu Fall 5 30
Lösung zu Fall 6 34
Lösung zu Fall 7 34
Lösung zu Fall 8 42
Lösung zu Fall 9 43
Lösung zu Fall 10 50
Lösung zu Fall 11 50
Lösung zu Fall 12 61
Lösung zu Fall 13 61
Lösung zu Fall 14 61
Lösung zu Fall 15 62
Lösung zu Fall 16 63
Lösung zu Fall 17 84
Lösung zu Fall 18 84
Lösung zu Fall 19 84
Lösung zu Fall 20 84
Lösung zu Fall 21 85
Lösung zu Fall 22 85
Lösung zu Fall 23 85
Lösung zu Fall 24 86
Lösung zu Fall 25 86
Lösung zu Fall 26 86
Lösung zu Fall 27 87

7.3 Aufgaben des Trainingsteils

Aufgabe 1:..27
Aufgabe 2:..27
Aufgabe 3...35
Aufgabe 4...35
Aufgabe 5...43
Aufgabe 6...43
Aufgabe 7...44
Aufgabe 8...51
Aufgabe 9...51
Aufgabe 10..64
Aufgabe 11..65
Aufgabe 12..66
Aufgabe 13..88
Aufgabe 14..88
Aufgabe 15..89
Aufgabe 16..89
Aufgabe 17..89
Aufgabe 18..90
Aufgabe 19..90
Aufgabe 20..91
Aufgabe 21..92
Aufgabe 22..93

7.4   Lösungen der Aufgaben

Lösung zu Aufgabe 1.. 30
Lösung zu Aufgabe 2.. 30
Lösung zu Aufgabe 3.. 37
Lösung zu Aufgabe 4.. 37
Lösung zu Aufgabe 5.. 46
Lösung zu Aufgabe 6.. 46
Lösung zu Aufgabe 7.. 46
Lösung zu Aufgabe 8.. 53
Lösung zu Aufgabe 9.. 53
Lösung zu Aufgabe 10.. 68
Lösung zu Aufgabe 11.. 68
Lösung zu Aufgabe 12.. 69
Lösung zu Aufgabe 13.. 97
Lösung zu Aufgabe 14.. 97
Lösung zu Aufgabe 15.. 97
Lösung zu Aufgabe 16.. 97
Lösung zu Aufgabe 17.. 98
Lösung zu Aufgabe 18.. 98
Lösung zu Aufgabe 19.. 98
Lösung zu Aufgabe 20.. 99
Lösung zu Aufgabe 21.. 99
Lösung zu Aufgabe 22.. 100

8 Literaturhinweise

Hier kann nur eine kurze Auswahl angeboten werden, dafür sollen Ihnen einige Bemerkungen bei der Einschätzung helfen, welche Literatur Sie gegebenenfalls heranziehen können.

8.1 Kommentare

Haben Sie Verständnis- und Auslegungsschwierigkeiten mit konkreten Vorschriften der BRAGO? Hier hilft ein Blick in die Kommentierung insbesondere von

Gerold/Schmidt/von Eicken/Madert: Bundesgebührenordnung für Rechtsanwälte, Kommentar, Verlag C. H. Beck, München. Dieser in der Praxis bekannte Kommentar erscheint in regelmäßigen Neuauflagen.

Hansens, Heinz: Bundesgebührenordnung für Rechtsanwälte, Kommentar, Verlag C. H. Beck, München. Auch dieser häufig neu aufgelegte Kommentar wird Ihnen in Zweifelsfällen sicherlich weiterhelfen. Er ist wesentlich preiswerter als der vorherige, auch kleiner im Format, doch mit der kleiner gewählten Schrifttype stimmt neben dem qualitativen auch der quantitative Inhaltsaspekt.

8.2 Lehrbücher

Für RENO-Angestellte gibt es eine Fülle von Werken, von denen ich nur eine Auswahl kommentieren kann:

von Geisau-Mühle: Fachkunde für Rechtsanwalts- und Notarfachangestellte, Stam Verlag Köln und München

Kähler/Nolte/Erlemann/Steffen/Zöller: Fachkunde für die Rechtsanwaltspraxis, Merkur Verlag Rinteln. Dieses Schulbuch wird auch deshalb im Rechtsanwaltsbüros gerne bestellt, weil es zusätzlich einen ausführlichen Teil zum Berufsrecht des Rechtsanwalts enthält.

Lutz, Ferdinand/Meyer, Gabriela: Fachkunde für Rechtsanwalts- und Notarfachangestellte, Verlag Europa-Lehrmittel, Haan-Gruiten. Bei diesem Buch und den beiden folgenden handelt es sich um Schulbücher.

Den geschilderten drei Schulbüchern ist gemeinsam, dass sie, um zugelassen zu werden, den gesamten umfangreichen Lernstoff enthalten müssen, wie er in dem Bundesrahmenlehrplan bzw. den Lehrplänen der Länder enthalten ist. Dadurch kommen natürlich viele schwierigen Gebiete, die von den Prüflingen beherrscht werden müssen und die auch in der Praxis immer wieder auftauchen, oft zu kurz. Der Band von Lutz, Ferdinand/Meyer, Gabriela enthält immerhin noch Aufgaben mit einem dazu erhältlichen Lösungsheft.

Durchaus nicht ausführlicher sind die nachfolgenden Bände, die zwar die drei Säulen der Fachkunde (Verfahrensrecht, Vollstreckungsrecht, Gebührenrecht) nicht in einem Band vereinigen, dafür aber deutlich dünner sind, so dass sie insgesamt auch nicht mehr als eines der oben genannten Lehrbücher ergeben:

Vogt, Hans-Egon: Rechtslehre für RENO-Klassen. Teil I: Der Zivilprozess, Gehlen Verlag, Bad Homburg v. d. Höhe

- *ders.:* Rechtslehre für RENO-Klassen. Teil II. Die Zwangsvollstreckung, Gehlen Verlag, Bad Homburg v. d. Höhe

Kageler, Herwig/Schmidt-Reißig, Jürgen: Das Kostenrecht - Ein Leitfaden für das Notariat, Gehlen Verlag, Bad Homburg v. d. Höhe

Auf das Gebührenrecht beschränkt, aber ebenfalls mit Aufgaben versehen sind die Bücher von

Lutz, Ferdinand: Kosten- und Gebührenrecht für Rechtsanwalts- und Notarfachangestellte, Verlag Europa-Lehrmittel, Haan-Gruiten. Auch hier können Sie noch das Lösungsheft zusätzlich erwerben.

Podlech-Trappmann, Bernd: BRAGO - Basiswissen, Deutscher Anwalt-Verlag, Bonn

Weitere lobenswerte Bücher zum Gebührenrecht sind die von

Madert, Wolfgang: Anwaltsgebühren in Zivilsachen, Deutscher Anwaltverlag, Bonn und von

Scherer, Michael: Grundlagen des Kostenrechts - BRAGO und GKG, Merkur Verlag, Rinteln

Bekannt ist auch das folgende Buch:

Enders, Horst-Reiner: Die BRAGO für Anfänger, Verlag C.H. Beck, München

Vom Autor dieser Kursreihe ist für den RENO-Bereich noch erhältlich:

Karsten Roeser: Abschlussprüfung für Rechtsanwalts- und Notarfachangestellte. Fachkunde. Über 620 Prüfungsfragen und Fälle mit Lösungen, Gabler Verlag, Wiesbaden. Dieses Buch ist auf die wichtigen Prüfungsthemen konzentriert und lässt dafür unwesentlichere Themen weg. Nach jedem Kapitel, in dem der Prüfungsstoff kurz dargestellt wird, kann das Thema mit Fragen und Antworten gefestigt werden. - Darauf aufbauend gibt es noch von demselben Autor:

- *ders.:* Abschlussprüfung für Rechtsanwalts- und Notarfachangestellte. Training Fachkunde. Über 220 Fälle mit Lösungen, Gabler Verlag, Wiesbaden. Hier finden sich zahlreiche Aufgaben und Prüfungsarbeiten je mit Musterlösung aus den Themen, die in dem vorherigen Buch „Abschlussprüfung" besprochen wurden.

Auf die Prüfung für Notarfachangestellte, also die Notariatskunde spezialisiert sich das Buch von

Dannenberg-Mletzko, Lena-Maria: Abschlussprüfung für Rechtsanwalts- und Notarfachangestellte. Notariatskunde, Gabler Verlag, Wiesbaden. Das Buch ist geeignet für Notarfachangestellte und für Rechtsanwalts- und Notarfachangestellte. Für die zuletzt genannten RENO-Angestellten ist es zugleich eine ideale Ergänzung zu den oben genannten Prüfungsbüchern von Karsten Roeser.

Gerne wird auch das folgende Buch für die Notariatskunde herangezogen:

Hermann J. Faßbender, Walter Grauel, Peter Kemp u. a.: Notariatskunde, Deutscher Anwaltverlag; Merkur-Verlag

Prüfungsarbeiten werden auch in der Fachbezogenen Informationsverarbeitung geschrieben. Hier hilft das Buch von

Hau, Werner/Suhens, Martina/Winkelmann, Lieselotte: Fachbezogene Informationsverarbeitung. Über 160 Aufgaben und Fälle mit Lösungen für Rechtsanwalts- und Notarfachangestellte. Gabler Verlag, Wiesbaden. Von Werner Hau sind weitere sehr brauchbare Prüfungsbücher im gleichen Verlag in den Fächern Wirtschaftslehre und Rechnungswesen erschienen. Auf diese Fächer soll jedoch im Rahmen dieser fachkundlichen Reihe nicht weiter eingegangen werden.

9 Gebührentabelle nach § 11 BRAGO

Wert bis DM	10/10	3/10	5/10	7,5/10	13/10	13/20
600,00	50,00	20,00	25,00	37,50	65,00	32,50
1.200,00	90,00	27,00	45,00	67,50	117,00	58,50
1.800,00	130,00	39,00	65,00	97,50	169,00	84,50
2.400,00	170,00	51,00	85,00	127,50	221,00	110,50
3.000,00	210,00	63,00	105,00	157,50	273,00	136,50
4.000,00	265,00	79,50	132,50	198,80	344,50	172,30
5.000,00	320,00	96,00	160,00	240,00	416,00	208,00
6.000,00	375,00	112,50	187,50	281,30	487,50	243,80
7.000,00	430,00	129,00	215,00	322,50	559,00	279,50
8.000,00	485,00	145,50	242,50	363,80	630,50	315,30
9.000,00	540,00	162,00	270,00	405,00	702,00	351,00
10.000,00	595,00	178,50	297,50	446,30	773,50	386,80
12.000,00	665,00	199,50	332,50	498,80	864,50	432,30
14.000,00	735,00	220,50	367,50	551,30	955,50	477,80
16.000,00	805,00	241,50	402,50	603,80	1.046,50	523,30
18.000,00	875,00	262,50	437,50	656,30	1.137,50	568,80
20.000,00	945,00	283,50	472,50	708,80	1.228,50	614,30
25.000,00	1.025,00	307,50	512,50	768,80	1.332,50	666,30
30.000,00	1.105,00	331,50	552,50	828,80	1.436,50	718,30
35.000,00	1.185,00	355,50	592,50	888,80	1.540,50	770,30
40.000,00	1.265,00	379,50	632,50	948,80	1.644,50	822,30
45.000,00	1.345,00	403,50	672,50	1.008,80	1.748,50	874,30
50.000,00	1.425,00	427,50	712,50	1.068,80	1.852,50	926,30
60.000,00	1.565,00	469,50	782,50	1.173,80	2.034,50	1.017,30
70.000,00	1.705,00	511,50	852,50	1.278,80	2.216,50	1.108,30
80.000,00	1.845,00	553,50	922,50	1.383,80	2.398,50	1.199,30
90.000,00	1.985,00	595,50	992,50	1.488,80	2.580,50	1.290,30
100.000,00	2.125,00	637,50	1.062,50	1.593,80	2.762,50	1.381,30

Wert bis DM	10/10	3/10	5/10	7,5/10	13/10	13/20
130.000,00	2.285,00	685,50	1.142,50	1.713,80	2.970,50	1.485,30
160.000,00	2.445,00	733,50	1.222,50	1.833,80	3.178,50	1.589,30
190.000,00	2.605,00	781,50	1.302,50	1.953,80	3.386,50	1.693,30
220.000,00	2.765,00	829,50	1.382,50	2.073,80	3.594,50	1.797,30
250.000,00	2.925,00	877,50	1.462,50	2.193,80	3.802,50	1.901,30
280.000,00	3.085,00	925,50	1.542,50	2.313,80	4.010,50	2.005,30
310.000,00	3.245,00	973,50	1.622,50	2.433,80	4.218,50	2.109,30
340.000,00	3.405,00	1.021,50	1.702,50	2.553,80	4.426,50	2.213,30
370.000,00	3.565,00	1.069,50	1.782,50	2.673,80	4.634,50	2.317,30
400.000,00	3.725,00	1.117,50	1.862,50	2.793,80	4.842,50	2.421,30
460.000,00	3.975,00	1.192,50	1.987,50	2.981,30	5.167,50	2.583,80
520.000,00	4.225,00	1.267,50	2.112,50	3.168,80	5.492,50	2.746,30
580.000,00	4.475,00	1.342,50	2.237,50	3.356,30	5.817,50	2.908,80
640.000,00	4.725,00	1.417,50	2.362,50	3.543,80	6.142,50	3.071,30
700.000,00	4.975,00	1.492,50	2.487,50	3.731,30	6.467,50	3.233,80
760.000,00	5.225,00	1.567,50	2.612,50	3.918,80	6.792,50	3.396,30
820.000,00	5.475,00	1.642,50	2.737,50	4.106,30	7.117,50	3.558,80
880.000,00	5.725,00	1.717,50	2.862,50	4.293,80	7.442,50	3.721,30
940.000,00	5.975,00	1.792,50	2.987,50	4.481,30	7.767,50	3.883,80
1.000.000,00	6.225,00	1.867,50	3.112,50	4.668,80	8.092,50	4.046,30

Schlagwortverzeichnis

A

Anerkenntnisurteil 36
Anwaltsvergleich 57
Aufgaben 6
außergerichtlichen Vergleich 57

B

Beendigung
    vorzeitige 76
Besprechungsgebühr 58
Betriebsgebühr 59, 62

D

didaktisches Konzept 5
Differenzprozessgebühr 77, 85
    Entstehung 85
    Wortlaut 76
Differenzprozessgebühr 76

E

Erfolgsgebühr 59
Erledigung
    des Rechtsstreits ohne Urteil 16
Erledigung der Hauptsache 16
Erledigungserklärung 16, 17
Erörterungsgebühr 31
    Revisionsinstanz 41

F

Fälle 6
Fallmethode 5
Formvorschriften
    für Vergleich 61
Fragen 7

G

gegeneinander aufgehoben
    Kosten 16
Gegenseitigkeit 25, 36
Geschäftsbesorgung 58
Grundlagen
    allgemeine 5

K

Klage
    Gegenstandswert 33
Klagerücknahme 16, 17, 25
Kosten
    gegeneinander aufgehoben 16, 17
Kostenregelung
    im Vergleich 17
Kurskonzept 5

M

Mitwirkung 26, 28, 30
Musterlösungen 6

P

Protokollierungsgebühr 76, 85
Prozessgebühr 32
   erhöhte 77, 85
   Gebührensatz 52
   Revisionsinstanz 41
Prozessgebühren
   und § 13 III 77
Prozessvergleich 15, 16, 17
   Kostenentscheidung 16

R

Rechtsstreit
   Erledigung ohne Urteil 16
Rechtsverhältnis 24
Regelgebühren
   Gebührensatz 52

S

Schuldanerkenntnis
   als Vergleich 61, 68
Schuldversprechen
   als Vergleich 61, 68
Schwierigkeitsgrade 6
Selbstüberprüfung 7
Streit 24, 29

T

Tätigkeitsgebühr 59, 62
Teilvergleich 44, 45, 53
   Gegenstandswert 53
Trainingsteil 7

U

Ungewissheit 24, 29
Urteil 17
   als Vollstreckungstitel 16

V

vergessen 5
Vergleich
   aufschiebende Bedingung 43
   außergerichtlicher 57, 60
   außergerichtlicher in Berufungsinstanz 81
   außergerichtlicher in Revisionsinstanz 83
   Berufungsinstanz 40
   Form 61, 68
   Gegenseitigkeit 25
   Gegenstandswert 47
   Genehmigung 43
   Genehmigung 43
   gerichtlicher 59
   Legaldefinition 24, 29
   Revisionsinstanz 41
   Voraussetzungen für Wirksamkeit 24
   Vorteile 13
   Widerruf 43
   Widerruf 43
Vergleichs
   Mitwirkung 26
Vergleichsgebühr
   Gebührensatz 52
   Gegenstandswert 15, 17
   Rechtsgrundlage 14
Vergleichsgebühren
   und § 13 III 85
Vergleichsgespräch 28, 32
Vergleichssumme 15, 17
Vergleichsverhandlungen 28
Vergleichsvertrag 25
Vergleichswert 15, 17, 53
Verhandeln
   Begriff 31
Verhandlung
   nichtstreitige 37
Verhandlungsgebühr 36
   Revisionsinstanz 41
Vertrag
   gegenseitiger 24, 29
Vollstreckungstiteln 18

W

Wertteile 85
Widerklage
  Gegenstandswert 33
Widerrufsvergleich 77, 80
Wiederholung 5

Z

Zwangsvollstreckung 18
  aus Vergleichen 17

Fit für Prüfung und Praxis

Die Reihe „Prüfung und Praxis für Rechtsanwaltsfachangestellte" füllt eine schon lange bestehende Lücke: Sind Lehrbücher häufig zu umfassend und theoretisch aufgebaut, so werden hier die Themen zunächst erläutert, dann an

- Beispielen vorgeführt und schließlich in einem weiteren Kapitel trainiert.
- Sie werden beim Lernen mit weiterführenden Hilfen durch den Stoff geführt.
- Zahlreiche Beispiele aus der täglichen Praxis runden die Themen ebenso ab wie
- Fälle aus vergangenen Prüfungen.
  Wer fit für die Prüfung werden will, kontrolliert sein frisch erworbenes Wissen mit zahlreichen, den Kapiteln beigefügten Test- und Prüfungsfragen.

Die Reihe wendet sich an alle im Rechtsanwaltsbüro beschäftigten Angestellten, an Auszubildende, Prüflinge, Umschüler/innen - und natürlich auch an Rechtsanwälte, Bürovorsteher und Lehrer selbst.

Inhalt:

Die vorliegenden drei Bände behandeln die wesentlichen Aspekte der Gebührenordnung für Rechtsanwälte:

- die Regelgebühren
- die außergerichtlichen Gebühren und
- die Vergleichsgebühr

Karsten Roeser
Prüfung und Praxis für Rechtsanwaltsfachangestellte:
Die außergerichtlichen Gebühren des Rechtsanwalts
2000., 148 S., Br. DM 29,80
ISBN 3-409-11650-8

Karsten Roeser
Prüfung und Praxis für Rechtsanwaltsfachangestellte:
Die Vergleichsgebühr
2000., 119 S., Br. DM 29,80
ISBN 3-409-11651-6

Karsten Roeser
Prüfung und Praxis für Rechtsanwaltsfachangestellte:
Die Regelgebühren im Zivilprozess
2000., 128 S., Br. DM 29,80
ISBN 3-409-11652-4